RÉFLÉCHISSEZ ET DEVENEZ RICHE!

LE GUIDE D'ACTION

RÉFLÉCHISSEZ ET DEVENEZ RICHE!

LE GUIDE D'ACTION

Une publication officielle de la

NAPOLEON HILL FOUNDATION

Sound Wisdom
P.O. Box 310
Shippensburg, Pennsylvanie 17257-0310

Pour de plus amples renseignements sur les distributeurs étrangers, composez le 717-532-2122.
Ou contactez-nous sur Internet : www.soundwisdom.com.

Illustrations de couverture par Eileen Rockwell
Illustrations intérieures par Terry Clifton
ISBN physique 13 : 978-1-64095-292-8
ISBN numérique 13 : 978-1-64095-293-5
Pour une distribution mondiale, imprimé aux États-Unis
1 2 3 4 5 6 / 20 19 18 17

SOMMAIRE

Introduction

LES PENSÉES SONT DES CHOSES

« L'ancêtre de toute action est une pensée. »
—RALPH WALDO EMERSON

CE MANUEL EST CONÇU pour stimuler votre esprit et vos rêves, ainsi que votre désir de réussir et de dépasser vos limites actuelles en matière de ressources financières, relations authentiques, et aspirations professionnelles. Basé sur treize principes ou étapes éprouvés et pratiques, ce guide vous apportera les outils et les encouragements nécessaires pour progresser dans la vie : les possibilités sont infinies. Et tout commence par votre manière de penser.

Il est bien vrai que « Les pensées sont des choses », et des choses puissantes en plus, lorsqu'on les associe avec la précision d'un but, de la persévérance, et un *désir ardent* de les transformer en richesse ou d'autres objets matériels.

Il existe une histoire vraie sur Edwin C. Barnes qui vaut la peine d'être racontée dès maintenant. Celui-ci est un excellent exemple d'une personne qui a permis à ses pensées de le motiver vers la poursuite de son objectif, pour ensuite profiter des récompenses financières et personnelles abondantes qui ont découlé de ses efforts.

Edwin C. Barnes a découvert la vérité suivante : il est vraiment possible de réfléchir et devenir riche. Cette découverte ne s'est pas faite du jour au lendemain. Elle lui est venue peu à peu, en commençant par un désir ardent de travailler avec le grand inventeur Thomas Edison. Il s'agissait pour lui d'un désir précis. Barnes voulait travailler *avec* Edison, et non pas *pour* lui.

Il s'est présenté au laboratoire de M. Edison et a annoncé qu'il était venu faire affaires avec l'inventeur. Ce n'est pas l'apparence du jeune homme qui lui a permis de faire ses débuts dans le bureau d'Edison, celle-ci ne lui rendant définitivement pas justice. Ce qui comptait, c'est ce qu'il *pensait*.

Plusieurs mois se sont écoulés et, en apparence, rien de substantiel ne semblait le mener vers la réalisation de son objectif. Cependant, quelque chose d'important *était bien* en train de se passer dans l'esprit de Barnes. Il intensifiait constamment son désir de devenir l'associé d'Edison. Les psychologues ont dit à juste titre que lorsque vous êtes vraiment prêt(e) pour quelque chose, cette dernière finit par pointer le bout de son nez. Barnes était prêt à devenir l'associé d'Edison. De plus, *il était déterminé à rester prêt jusqu'à ce qu'il ait obtenu ce qu'il voulait.*

Finalement, cette association s'est concrétisée et a duré plus de trente ans. Barnes en a retiré non seulement un enrichissement pécunier, mais il a également fait quelque chose d'infiniment plus grand, il a prouvé qu'il est vraiment possible de *réfléchir et devenir riche.*

Il n'y a aucun moyen de savoir combien d'argent le *désir* original de Barnes lui a vraiment rapporté. Peut-être que la somme s'élève à 2 ou 3 millions de dollars. Mais le montant, quel qu'il soit, est insignifiant par rapport au plus grand atout qu'il a acquis : une connaissance précise qu'un élan de pensées intangibles peut être transmuté en son équivalent physique par l'application de principes connus.

Une bonne idée est tout ce dont vous avez besoin pour réussir. Les principes décrits dans ce livre contiennent les moyens connus les plus concrets et pratiques de créer des idées utiles.

Avant d'aller plus loin dans notre approche de description de ces principes, vous avez droit à cette importante suggestion : *Quand la richesse commencera à se manifester, elle arrivera si rapidement, et en si grande abondance, que vous vous demanderez peut-être où elle s'était cachée pendant toutes ces années de difficultés.* Il s'agit d'une déclaration étonnante, et d'autant plus lorsque nous prenons en considération la croyance populaire que la richesse n'arrive qu'à ceux qui travaillent dur et longtemps.

La richesse commence par un état d'esprit.

Lorsque vous commencerez à *réfléchir et devenir riche*, vous remarquerez que la richesse commence par un état d'esprit et la précision d'un but. Savoir comment acquérir l'état d'esprit qui attirera la richesse devrait vous intéresser. J'ai consacré vingt-cinq ans à la recherche, et j'ai analysé plus de 25 000 personnes, car je voulais moi aussi savoir comment les gens deviennent riches.

Vous remarquerez de très près comment, dès que vous maîtriserez les principes de cette philosophie et commencerez à suivre les instructions d'application de ces principes, votre situation financière commencera à s'améliorer, et tout ce que vous toucherez commencera à se transmuter en un atout à votre avantage. Impossible ? Pas du tout !

L'une des plus grandes faiblesses de l'humanité est le fait que le mot « impossible » nous soit tant familier. Nous connaissons toutes les règles qui ne fonctionneront *pas*. Nous savons tout ce qui ne *peut pas* être fait. Ce livre a été écrit pour ceux qui sont à la recherche des règles qui ont fait le succès des autres, et qui sont prêts à tout miser dessus.

Le succès vient à ceux qui deviennent *conscients du succès*. L'échec vient à ceux qui se permettent indifféremment de devenir *conscients de l'échec*. Ce livre a pour objectif d'aider tous ceux qui souhaitent apprendre l'art de changer leur *conscience d'échec* en *conscience de succès*.

Le succès vient à ceux qui deviennent *conscients du succès.*

Une autre faiblesse qu'ont bien trop de gens, somme toute, est l'habitude de mesurer tout et chacun selon leurs propres impressions et croyances. Certains lecteurs croiront que personne ne peut *réfléchir et devenir riche.* Ils ne peuvent pas penser en termes de richesse, car leurs habitudes de pensée ont été imprégnées de pauvreté, de manque, de misère, d'échec et de défaite.

Lorsque William Ernest Henley a écrit les lignes prophétiques « Je suis le maître de mon destin, le capitaine de mon âme », il nous a tous informés que nous sommes les maîtres de notre destin et les capitaines de notre âme, car *nous avons le pouvoir de contrôler nos pensées.*

L'éther dans lequel flotte cette petite terre, sur laquelle nous nous déplaçons et existons, contient une forme d'énergie qui se déplace à un taux de vibration inconcevablement élevé, et cet éther est rempli d'une forme de pouvoir universel qui *s'adapte* à la nature des pensées que nous détenons dans notre esprit, et qui nous *amène*, de façon naturelle, à transmuter nos pensées en leur équivalent physique. Ce pouvoir ne fait aucune tentative de discrimination entre les pensées destructrices et les pensées constructives, et il nous exhortera à traduire en réalité physique aussi rapidement les pensées de pauvreté que les pensées de richesse.

Nos cerveaux sont magnétisés par les pensées dominantes que nous tenons dans notre esprit et, par des moyens qui nous sont inconnus à tous, ces « aimants » attirent vers nous les forces, les personnes et les circonstances de la vie qui s'harmonisent avec la nature de nos pensées dominantes.

Avant que nous puissions accumuler de la richesse en grande abondance, nous devons aimanter notre esprit avec un *désir* intense de richesse, et nous devons devenir « conscients de l'argent » jusqu'à ce que le *désir* d'argent nous pousse à créer des plans précis qui nous permettront d'acquérir cet argent.

Lorsque Edwin C. Barnes est descendu du train de marchandises à Orange, au New Jersey, il ressemblait peut-être à un clochard, mais ses pensées étaient celles d'un roi ! En chemin de la gare au bureau de Thomas A. Edison, son esprit était à l'œuvre. Il se voyait debout en présence d'Edison. Il s'entendait demander à M. Edison l'opportunité de réaliser l'obsession dévorante de sa vie, son désir ardent de devenir l'associé du grand inventeur.

Avec un désir précis, le rêve dominant de votre vie deviendra une réalité.

Le désir de Barnes n'était pas un espoir ! Ce n'était pas un souhait ! C'était un *désir* vif et palpitant, qui transcendait tout le reste. Il était *précis.*

Le désir n'était pas nouveau quand il a abordé Edison. Il existait en Barnes et dominait ses pensées depuis longtemps. Au début, quand le désir est apparu pour la première fois dans son esprit, il s'agissait peut-être, ou même probablement, seulement d'un souhait, mais lorsqu'il s'est présenté à Edison, il ne s'agissait plus d'un simple souhait.

Quelques années plus tard, Edwin C. Barnes se tenait de nouveau devant Edison, dans le même bureau où il avait rencontré l'inventeur pour la première fois. Cette fois, son *désir* s'était traduit en réalité. Il travaillait avec Edison. *Le rêve dominant de sa vie était devenu réalité.* Les gens qui connaissaient Barnes l'enviaient, à cause de la « chance » que la vie lui accordait. Ils le voyaient triomphant, sans prendre la peine d'enquêter sur la cause de son succès.

Barnes a réussi parce qu'il a choisi un objectif précis, y a placé toute son énergie, toute sa volonté, tous ses efforts, tout ce qu'il avait. Il n'est pas devenu le partenaire d'Edison le jour de son arrivée. Il s'est contenté de commencer avec le travail le plus ingrat, tant que cela pouvait lui donner l'occasion de faire ne serait-ce qu'un pas vers son précieux objectif.

Il s'agit là d'une illustration remarquable du pouvoir d'un *désir précis.* Barnes a atteint son objectif parce qu'il voulait être l'associé de M. Edison plus que toute autre chose. Il a créé un plan pour atteindre ce but. Il a brûlé tous les ponts derrière lui. Il a soutenu son *désir* jusqu'à ce que celui-ci devienne l'obsession dominante de sa vie et, enfin, un fait.

POINTS RÉCAPITULATIFS IMPORTANTS

- Toute chose commence par une pensée, positive et négative.
- La richesse commence par un état d'esprit et un but précis.
- Apprendre à contrôler vos pensées est encore plus précieux que l'argent que cela vous apportera.
- Les pensées destructrices se traduiront en réalité aussi sûrement que les pensées positives. Il est important de choisir vos pensées avec soin.

PASSEZ À L'ACTION

1. Permettez-vous à toutes les pensées d'occuper votre esprit ? Quelles mesures pouvez-vous prendre pour contrôler les pensées qui entrent et sortent de votre esprit ?

2. Dans quelle mesure votre désir de « réfléchir et devenir riche » est-il passionné ? Comment pouvez-vous générer plus de désir pour les choses que vous voulez ?

3. Avez-vous un désir ardent que vous n'avez jamais exprimé à voix haute ? Avez-vous un désir si grand que vous n'osez même pas le prendre au sérieux ? Écrivez ce désir sur papier, puis exprimez-le à voix haute. Quelle sera votre première étape pour faire de ce désir une réalité ?

Chapitre 1

LE DÉSIR : LE POINT DE DÉPART DE TOUTE RÉUSSITE

« Un homme créatif est motivé par le désir de réussir, et non par le désir de battre les autres. »

—AYN RAND

Premier pas vers la richesse

Il y a très longtemps, un grand guerrier a fait face à une situation qui lui imposait de prendre une décision qui assurerait son succès sur le champ de bataille. Il était sur le point d'envoyer ses armées contre un ennemi puissant, qui avait plus d'hommes que lui. Il chargea ses soldats dans des bateaux, navigua vers le pays ennemi, déchargea les soldats et le matériel, puis donna l'ordre de brûler les navires qui les avaient transportés.

S'adressant à ses hommes avant la première bataille, il dit : « Vous voyez les bateaux partir en fumée. Cela signifie que notre seul moyen de quitter ces côtes vivants est de gagner ! À présent, nous n'avons plus le choix — nous gagnons — ou nous périssons ! Et ils sortirent vainqueurs.

Toute personne qui ressort vainqueur de tout engagement doit être disposée à brûler ses navires et à couper tous ses moyens de battre en retraite. Ce n'est qu'en faisant cela que nous pourrons être sûrs de maintenir l'état d'esprit connu sous le nom de *désir ardent de gagner*, qui est essentiel au succès.

Souhaiter ne vous rendra pas riche.

Tout être humain en âge de comprendre à quoi sert l'argent souhaite en avoir. Souhaiter ne vous rendra pas riche. Toutefois, désirer être riche en adoptant un état d'esprit qui vous mène à l'obsession, puis planifier des méthodes et des moyens précis d'acquérir de la richesse, et soutenir ces plans avec une persévérance sans relâche, vous mènera à cette richesse.

Ceux qui deviennent « conscients de l'argent » accumulent de grandes richesses. La « conscience de l'argent » signifie que l'esprit est tellement saturé avec le *désir* d'argent que la personne peut déjà se voir posséder cet argent.

Effectuer ces étapes ne requiert pas un « dur labeur ». Cela requiert peu, voire pas, de sacrifice. Il ne vous est pas demandé de devenir ridicule ou crédule. Pour les appliquer, vous n'avez pas besoin d'un niveau d'éducation particulier. Toutefois, pour réussir à appliquer ces six étapes, vous devez avoir suffisamment d'imagination pour pouvoir concevoir et comprendre qu'accumuler de l'argent n'est pas une question de hasard et de chance. Vous devez vous rendre compte que tous ceux qui ont accumulé de grandes fortunes ont d'abord dû fournir une certaine quantité *de rêves, d'espoir, de souhaits, de désirs et de planification* avant d'acquérir de l'argent.

Si vous ne voyez pas de grandes richesses dans votre imagination, vous ne les verrez jamais sur votre solde bancaire.

La tolérance et l'ouverture d'esprit sont les nécessités pragmatiques du rêveur d'aujourd'hui. Ceux qui ont peur des nouvelles idées sont condamnés avant même d'avoir commencé. Il n'y a jamais eu de temps plus favorable aux pionniers qu'aujourd'hui. C'est vrai, il ne s'agit pas de la conquête de l'Ouest sans foi ni loi, mais de vastes mondes commerciaux, financiers, industriels et du cyberespace restent à explorer, à refaçonner et à rediriger selon de nouvelles et meilleures voies.

Réveillez-vous, prenez les devants et affirmez-vous, cher rêveur, chère rêveuse, du monde. Votre étoile est en pleine ascension. Les crises économiques mondiales vous ont apporté l'opportunité que vous attendiez. Cela a permis d'enseigner aux gens l'humilité, la tolérance et l'ouverture d'esprit.

Le monde est rempli d'une abondance d'opportunités dont les rêveurs du passé n'ont jamais pu profiter.

Nous qui sommes dans cette course à la richesse, nous devrions être heureux de savoir que ce monde transformé dans lequel nous vivons exige de nouvelles idées, de nouvelles façons de faire les choses, de nouveaux leaders, de nouvelles inventions, de nouvelles méthodes d'enseignement, de nouvelles méthodes de marketing, de nouveaux livres, de nouvelles littératures, de nouvelles fonctionnalités pour la radio, de nouvelles idées de films. Au vu de cette demande de choses nouvelles et améliorées, vous devez posséder trois qualités pour gagner : 1) avoir un but précis, 2) savoir ce que vous voulez, et 3) avoir un *désir* ardent de posséder cette chose.

La récession a marqué la fin d'une époque, et le début d'une autre. Ce monde transformé a besoin de rêveurs pragmatiques qui peuvent mettre et qui mettront leurs rêves en action. Les rêveurs pragmatiques ont toujours été, et seront toujours les « modélistes » de la civilisation.

Un *désir ardent d'être et de faire* est le point de départ à partir duquel le rêveur doit se lancer. Les rêves ne naissent pas de l'indifférence, de la paresse ou du manque d'ambition.

Comment pouvez-vous exploiter et utiliser le pouvoir du désir ? Cette question a trouvé une réponse dans ce chapitre et dans les chapitres suivants de ce livre. Ce message est envoyé au monde entier en des temps difficiles. Il est raisonnable de présumer que le message peut être porté à l'attention de nombreuses personnes qui ont été blessées par le chaos économique, de celles qui ont perdu leur fortune, d'autres qui ont perdu leur poste, et d'un grand nombre de personnes qui doivent réorganiser leurs plans et faire leur retour. Je tiens à communiquer la pensée suivante à toutes ces personnes toute réussite, quelle que soit sa nature, ou son but, doit commencer par un désir ardent intense pour quelque chose de précis.

Toute réussite commence par un désir ardent intense pour quelque chose de précis.

Grâce à un principe étrange et puissant « d'alchimie mentale » encore jamais divulgué, la Nature encapsule dans l'impulsion d'un désir fort ce « quelque chose » qui ne connaît pas le mot « impossible » et qui n'accepte pas une telle réalité comme un échec.

Il y a une différence entre *souhaiter* avoir une chose et être *prêt(e)* à la recevoir. Une personne est prête à recevoir quelque chose uniquement lorsqu'elle croit pouvoir l'acquérir. L'état d'esprit doit être la *croyance*, et pas simplement l'espoir ou le souhait. L'ouverture d'esprit est essentielle à la croyance. Les esprits fermés n'inspirent ni la foi, ni le courage, ni la croyance.

N'oubliez pas qu'il ne faut pas plus d'efforts pour viser haut dans la vie, pour exiger l'abondance et la prospérité, qu'il n'en faut pour accepter la misère et la pauvreté.

POINTS RÉCAPITULATIFS IMPORTANTS

- Le succès commence par la définition d'un objectif précis.
- Rédigez une définition claire et concise de votre but précis principal, et soyez spécifique. (Si ce but est monétaire, écrivez le montant exact que vous souhaitez acquérir et fixez une date exacte à laquelle vous souhaitez l'acquérir.)

- Lisez votre déclaration à voix haute deux fois par jour.
- Si vous ne voyez pas de grandes richesses dans votre imagination, vous ne les verrez jamais sur votre solde bancaire.
- Jamais dans l'histoire des États-Unis, il n'y a eu une aussi grande opportunité pour les rêveurs pragmatiques qu'aujourd'hui.
- Le monde dans lequel nous vivons exige de nouvelles idées, de nouvelles inventions et de nouvelles façons de faire les choses. Cela représente une opportunité. Pour capitaliser sur ces opportunités toujours émergentes, vous devez avoir un but précis, savoir ce que vous voulez et avoir un désir ardent de posséder cette chose.
- Un désir ardent d'être et de faire est le point de départ à partir duquel vous, le rêveur, devez vous lancer.

PASSEZ À L'ACTION

La méthode par laquelle le *désir* de richesse peut être transmuté en son équivalent financier se compose de six étapes précises et pratiques :

1. Définissez dans votre esprit le montant exact d'argent que vous désirez avoir. Il ne suffit pas de dire : « Je veux beaucoup d'argent. » Soyez précis(e) quant au montant. (On vous demande d'être précis(e) pour une raison psychologique particulière décrite dans l'un des chapitres suivants.

2. Déterminez exactement ce que vous avez l'intention de donner en échange de l'argent que vous désirez avoir. (Dans la vie, rien n'est gratuit.)

3. Fixez une date précise à laquelle vous avez l'intention de posséder l'argent que vous désirez avoir.

4. Créez un plan précis pour réaliser votre désir, et commencez immédiatement, que vous soyez prêt(e) ou non, à mettre ce plan en œuvre.

5. Rédigez une déclaration claire et concise du montant d'argent que vous avez l'intention d'acquérir, définissez un délai pour son acquisition, indiquez ce que vous avez l'intention de donner en échange de l'argent et décrivez clairement le plan par lequel vous avez l'intention de l'accumuler.

6. Lisez votre déclaration écrite à voix haute, deux fois par jour, une fois juste avant de vous coucher et une fois à votre réveil. *En la lisant, voyez-vous déjà en possession de l'argent, ressentez-le et croyez-y.*

Il est important de suivre les instructions décrites dans ces six étapes. Il est particulièrement important d'observer et de suivre les instructions du sixième paragraphe. Vous pouvez vous plaindre et croire qu'il est impossible pour vous de « vous voir en possession d'argent » avant de l'avoir réellement, mais c'est ainsi qu'un *désir ardent* vous viendra en aide. Si vous *désirez* vraiment avoir de l'argent, si vivement que votre désir est une obsession, vous n'aurez aucune difficulté à vous convaincre que vous allez l'acquérir. L'objectif est de vouloir de l'argent et de devenir si déterminé à l'avoir que vous parvenez à vous *convaincre* que vous l'aurez.

Chapitre 2

LA FOI :
LA DEUXIÈME ÉTAPE VERS LA RICHESSE

« Faites le premier pas sur le chemin de la foi. Vous n'avez pas à le parcourir entièrement, juste à faire le premier pas. »

—MARTIN LUTHER KING JR.

La foi : visualisation de la réalisation du désir et croyance

La foi est un état d'esprit qui peut être induit, ou créé, par affirmation ou instructions répétées à l'esprit subconscient à travers le principe de l'auto-suggestion.

À titre d'illustration, considérez la raison probable pour laquelle vous lisez ce livre. L'objectif est, naturellement, d'acquérir la capacité de transmuter l'impulsion de pensée intangible du désir en son équivalent physique, l'argent. En suivant les instructions énoncées dans les chapitres sur l'auto-suggestion et l'esprit subconscient, résumées dans le chapitre sur l'auto-suggestion, vous pouvez *convaincre* l'esprit subconscient que vous croyez que vous recevrez ce que vous demandez, et il agira sur cette croyance, que votre subconscient vous transmet sous la forme de « foi », suivie de plans précis pour obtenir ce que vous désirez.

La méthode par laquelle vous développez la *foi*, là où elle n'existe pas déjà, est extrêmement difficile à décrire, presque aussi difficile, en fait, qu'il serait de décrire la couleur rouge à un aveugle qui n'a jamais vu de couleur et qui n'a rien à comparer avec ce que vous lui décrivez. La foi est un état d'esprit que vous pouvez développer après avoir maîtrisé les treize principes, ou étapes, discutés tout au long de ce livre. La foi est un état d'esprit qui se développe volontairement par l'application et l'utilisation de ces principes.

La répétition de l'affirmation des ordres à votre subconscient est la seule méthode connue pour développer volontairement l'émotion de la foi.

Le sens de la foi peut être rendu plus clair par l'explication suivante de la façon dont les gens deviennent parfois des criminels. Selon un célèbre criminologue : « Lorsque les hommes entrent en contact avec le crime pour la première fois, ils l'abhorrent. S'ils restent en contact avec le crime pendant un certain temps, ils s'y habituent et le supportent. S'ils restent en contact avec lui assez longtemps, ils finissent par l'adopter et se laisser influencer par lui. »

Cela revient à dire que toute impulsion de pensée qui est transmise à plusieurs reprises à l'esprit subconscient finit par être acceptée par l'esprit subconscient, qui y réagira et procèdera à traduire cette impulsion en son équivalent physique, conformément à la procédure la plus pragmatique disponible.

À cet égard, considérez la déclaration suivante : *Toute pensée ayant été émotionnalisée (à laquelle on a attaché des émotions) et mêlée à la foi commence immédiatement à se traduire en son pendant ou équivalent physique.*

Les émotions, ou la partie « émotionnelle » des pensées, sont les facteurs qui donnent aux pensées vitalité, vie et action. Les émotions de la foi, de l'amour et du sexe, lorsque mêlées à n'importe quelle impulsion de pensée, suscitent pour celle-ci une plus grande action que n'importe laquelle de ces émotions à elle-seule.

Les pensées émotionnalisées mêlées à la foi se traduisent immédiatement physiquement.

Non seulement les impulsions de pensée mêlées à la foi, mais également celles mêlées à toutes les émotions positives ou négatives, peuvent atteindre et influencer l'esprit subconscient.

À partir de cette déclaration, vous comprendrez que l'esprit subconscient traduira en son équivalent physique toute impulsion de pensée de nature négative ou destructrice tout aussi facilement qu'il agira sur des impulsions de pensée de nature positive ou constructive. Cela explique l'étrange phénomène que vivent tant de millions de personnes, appelé « malheur » ou « malchance ».

Des millions de personnes se *croient* « condamnées » à la pauvreté et à l'échec, à cause d'une force étrange sur laquelle elles *croient* n'avoir aucun contrôle. Ces personnes sont les créatrices de leurs propres « malheurs » à cause de cette *croyance* négative, qui est reprise par l'esprit subconscient et traduite en son équivalent physique.

À travers les siècles, les religieux ont averti l'humanité en difficulté « d'avoir foi » en ceci, en cela, en tel dogme ou telle croyance, mais ils n'ont pas réussi à dire aux gens *comment* avoir la foi. Ils n'ont pas déclaré que « la foi est un état d'esprit, et qu'elle peut être induite par l'auto-suggestion ».

La foi est un état d'esprit induit par l'auto-suggestion.

N'oubliez jamais d'avoir foi en vous-même, foi en l'Infini. Et :

- La foi est « l'élixir éternel » qui donne vie, puissance et action à l'impulsion de la pensée !
- La phrase du point précédent vaut la peine d'être lue une deuxième, une troisième et une quatrième fois. Elle vaut la peine d'être lue à voix haute !

- La foi est le point de départ de toute accumulation de richesses !
- La foi est la base de tous les « miracles » et de tous les mystères qui ne peuvent pas être analysés par les règles de la science !
- La foi est le seul antidote connu contre l'échec !
- La foi est l'élément, le « produit chimique » qui, lorsque mêlée à la prière, vous permet de communiquer directement avec l'Intelligence Infinie.
- La foi est l'élément qui transforme la vibration ordinaire de la pensée, créée par l'esprit fini des humains, en équivalent spirituel.
- La foi est la seule action par laquelle la force cosmique de l'Intelligence Infinie peut être exploitée et utilisée, par vous.

POINTS RÉCAPITULATIFS IMPORTANTS

- La foi est un état d'esprit qui peut être induit, ou créé, par affirmation ou instructions répétées à l'esprit subconscient.
- Toutes les pensées émotionnalisées et mêlées à la foi commencent immédiatement à se traduire en un pendant ou équivalent physique.
- Votre croyance, ou foi, est l'élément qui détermine l'action de votre esprit subconscient.

- Des millions de personnes se *croient* « condamnées » à la pauvreté et à l'échec, à cause d'une force étrange sur laquelle elles *croient* n'avoir aucun contrôle. Ces personnes sont les créatrices de leur propre malheur.
- La foi est le point de départ de toute accumulation de richesses.
- La foi donne vie, puissance et action à l'impulsion de la pensée.
- L'esprit subconscient traduit en réalité une pensée animée par la peur tout aussi facilement qu'elle traduit en réalité une pensée animée par la foi.

PASSEZ À L'ACTION

Ce qui suit est une formule pour la confiance en soi. Cinq affirmations importantes doivent être intégrées à votre état d'esprit, puis appliquées à votre vie quotidienne. Trouvez un endroit calme et privé et écrivez chaque composant de la formule. Puis, énoncez chacun d'entre eux à voix haute, en toute confiance.

1. Je sais que j'ai la capacité d'atteindre l'objectif de mon But Précis dans la vie et, par conséquent, j'*exige* de moi-même une action continue et persistante vers sa réalisation et je promets, ici et maintenant, de fournir une telle action.

2. Je me rends compte que les pensées dominantes de mon esprit finiront par se reproduire sous la forme d'une action extérieure et physique, et se transformeront progressivement en réalité physique. Par conséquent, je concentrerai mes pensées pendant trente minutes par jour, en me donnant pour tâche de penser à la personne que j'ai l'intention de devenir, créant ainsi dans mon esprit une image mentale claire de cette personne.

3. Je sais que, par le principe de l'auto-suggestion, tout désir que je garde constamment dans mon esprit finira par chercher à s'exprimer par des moyens pratiques pour atteindre son objectif. Par conséquent, je consacrerai dix minutes par jour à exiger de moi-même de développer ma confiance en moi.

4. J'ai écrit, de manière nette, une description de mon objectif précis principal dans la vie, et je ne cesserai jamais d'essayer, jusqu'à ce que j'aie développé suffisamment de confiance en moi pour le réaliser.

5. Je me rends pleinement compte qu'aucune richesse ou position ne peut durer longtemps si elle n'est pas fondée sur la vérité et la justice. Par conséquent, je ne m'engagerai dans aucune transaction qui ne profite pas à tous ceux qu'elle touche. Je réussirai en attirant à moi-même les forces que je souhaite utiliser et la coopération d'autres personnes. J'inciterai les autres à me servir, grâce à ma volonté de servir les autres. J'éliminerai la haine, l'envie, la jalousie, l'égoïsme et le cynisme, en cultivant de l'amour pour toute l'humanité, car je sais qu'une attitude négative envers les autres ne peut jamais m'apporter le succès. Je ferai en sorte que les autres croient en moi, en croyant en eux et en moi-même.

Je signerai mon nom sous cette formule, je l'apprendrai par cœur et je la répéterai à voix haute une fois par jour, en toute *confiance* de sorte qu'elle influencera progressivement mes *pensées et mes actions* afin que je devienne une personne autonome et prospère.

Signez ici : ________________________________

La base de cette formule est une loi de la nature que personne n'a encore été en mesure d'expliquer. Elle a déconcerté des scientifiques de tous âges. Les psychologues ont baptisé cette loi « auto-suggestion », et s'en sont tenus à cela.

Chapitre 3

L'AUTO-SUGGESTION : LA TROISIÈME ÉTAPE VERS LA RICHESSE

L'auto-suggestion : le moyen d'influencer l'esprit subconscient

L'auto-suggestion est un terme qui s'applique à toutes les suggestions et tous les stimuli auto-administrés qui atteignent l'esprit d'une personne à travers les cinq sens. Autrement dit, l'auto-suggestion est la suggestion que l'on fait à soi-même. Il s'agit de l'action de communication entre la partie de l'esprit où la pensée consciente a lieu, et celle qui sert de siège d'action à l'esprit subconscient.

À travers les pensées dominantes que nous gardons dans notre esprit conscient (qu'il s'agisse de pensées négatives ou positives), le principe de l'auto-suggestion atteint volontairement l'esprit subconscient et l'influence avec ces pensées.

Aucune pensée, qu'elle soit négative ou positive, *ne peut entrer dans l'esprit subconscient sans l'aide du principe de l'auto-suggestion*, à l'exception des pensées issues de l'éther. Énoncées différemment, toutes les impressions de sens perçues à travers les cinq sens sont arrêtées par l'esprit pensant *conscient*, et peuvent être transmises à l'esprit subconscient ou rejetées. La faculté consciente sert de protection extérieure à l'approche du subconscient.

La nature nous a créés de sorte que nous avons un *contrôle absolu* sur la matière qui atteint notre esprit subconscient, par le biais de nos cinq sens, bien que cela ne soit pas censé être interprété comme une déclaration affirmant que nous *exerçons* toujours ce contrôle. Dans la grande majorité des cas, nous ne l'exerçons *pas*, ce qui explique pourquoi tant de gens vivent dans la pauvreté.

L'esprit subconscient ressemble à un jardin fertile où les mauvaises herbes pousseront en abondance, si les graines de cultures plus désirables ne sont pas semées. L'auto-suggestion est le moyen de contrôle grâce auquel un individu peut volontairement nourrir son esprit subconscient de pensées de nature créative, ou, par négligence, permettre à des pensées de nature destructrice de trouver leur chemin à travers ce riche jardin de l'esprit.

On vous a demandé, dans les étapes décrites dans le chapitre 1 sur le Désir, de lire *à voix haute* la déclaration *écrite* de votre *désir d'argent* deux fois par jour et de vous *voir et vous sentir déjà en possession* de l'argent ! En suivant ces instructions, vous communiquez directement l'objet de votre *désir* à votre esprit *subconscient* dans un esprit de foi *absolue*. En répétant cette procédure, vous créez volontairement des habitudes de pensée qui sont favorables à vos efforts visant à transmuter le désir dans son équivalent monétaire.

Retournez aux étapes décrites dans la section Passez à l'action au chapitre 1 et relisez-les très attentivement avant d'aller plus loin. Ensuite, lorsque vous atteignez le chapitre 6, Planification organisée, lisez très attentivement les quatre instructions sur l'organisation de votre groupe du Cerveau Collectif. En comparant ces deux séries d'instructions avec ce qui a été dit au sujet de l'auto-suggestion, vous verrez, bien sûr, que les instructions impliquent l'application du principe de l'auto-suggestion.

Rappelez-vous donc, lorsque vous lisez à voix haute la déclaration de votre désir (à travers laquelle vous vous efforcez de développer une « conscience de l'argent »), que la *simple lecture des mots n'a aucune conséquence à moins que vous n'ajoutiez de l'émotion ou des sentiments à vos paroles.* Si vous répétez un million de fois la célèbre formule d'Emil Coué, « Tous les jours, à tous points de vue, je vais de mieux en mieux », sans ajouter émotion et foi à vos paroles, vous n'obtiendrez aucun résultat souhaitable. Votre esprit subconscient reconnaît et agit *uniquement* sur des pensées auxquelles de l'émotion ou des sentiments ont été ajoutés.

Votre esprit subconscient reconnaît et agit uniquement sur des pensées auxquelles de l'émotion ou des sentiments ont été ajoutés.

Ce fait est d'une telle importance qu'il est répété dans pratiquement tous les chapitres. La principale raison pour laquelle la majorité des gens qui essaient d'appliquer le principe de l'auto-suggestion n'obtiennent pas de résultats souhaitables, c'est parce qu'ils ne comprennent pas que leur esprit subconscient reconnaît et agit *uniquement* sur des pensées auxquelles de l'émotion ou des sentiments ont été ajoutés.

Les mots simples et sans émotion n'influencent pas l'esprit subconscient. Vous obtiendrez des résultats significatifs lorsque vous aurez appris à atteindre votre esprit subconscient en prononçant des pensées ou des mots auxquels des émotions ont été ajoutées avec croyance.

Ne soyez pas découragé(e) si vous ne pouvez ni contrôler, ni diriger vos émotions la première fois que vous essayez. Souvenez-vous, dans la vie, rien n'est gratuit. La capacité d'atteindre et d'influencer votre subconscient a son prix, et vous devez le payer.

Vous ne pouvez pas tricher, même si vous le désirez. Le prix de la capacité d'influencer votre esprit subconscient est de toujours *persévérer* lorsque vous appliquez les principes décrits dans les chapitres 1 à 13. Vous ne pouvez pas développer la capacité désirée à un prix inférieur. *Vous seul(e)* devez décider si oui ou non la récompense que vous visez (la « conscience de l'argent ») vaut le prix que vous devez payer en effort.

La sagesse et « l'intelligence » ne permettront pas, à elles seules, d'attirer et de garder l'argent, sauf dans quelques cas très rares où la loi des moyennes favorise l'attraction de l'argent par le biais de ces sources. La méthode d'attraction de l'argent décrite dans ce manuel ne dépend pas de la loi des moyennes.

Votre capacité à utiliser le principe de l'auto-suggestion dépendra très largement de votre capacité à vous *concentrer* sur un *désir* donné jusqu'à ce que ce désir devienne une obsession brûlante. Lorsque vous commencez à exécuter les instructions Passez à l'action décrites au chapitre 1, vous devez puiser dans le pouvoir de la *concentration.*

Votre esprit subconscient assimile et agit sur tous les ordres répétés donnés dans un esprit de *foi* absolue.

Par exemple, lorsque vous « définissez dans votre esprit le montant *exact* d'argent que vous désirez avoir », gardez en tête ce montant d'argent en vous concentrant, ou en fixant votre attention, les yeux fermés, jusqu'à ce que vous puissiez *réellement voir* l'apparence physique de cet argent. Faites-le au moins une fois par jour. En effectuant ces exercices, *imaginez-vous réellement en possession* de l'argent !

Voici un fait particulièrement significatif : l'esprit subconscient reçoit tous les ordres qui lui sont donnés dans un esprit de *foi* absolue, et agit sur ces ordres, bien qu'ils doivent souvent être présentés encore et encore, par la répétition, avant d'être interprétés par l'esprit subconscient.

POINTS RÉCAPITULATIFS IMPORTANTS

- Aucune pensée, négative ou positive, ne peut entrer dans l'esprit subconscient sans l'aide de l'auto-suggestion.
- La capacité d'atteindre et d'influencer votre subconscient a un prix que vous devez payer. Le prix est une persévérance éternelle lorsque vous appliquez les treize étapes.

- L'esprit subconscient reçoit tous les ordres qui lui sont donnés dans un esprit de foi absolue et agit sur ces ordres.
- Imaginez-vous déjà en possession de votre désir précis.
- Placez votre déclaration écrite à un endroit visible le soir et le matin. Lisez-la juste avant d'aller au lit et à nouveau au réveil, jusqu'à l'avoir en mémoire.
- Vous pouvez devenir le maître de vous-même et de votre environnement car vous avez le pouvoir d'influencer votre subconscient.

PASSEZ À L'ACTION

Les instructions données au chapitre 1 sont résumées et mêlées aux principes couverts dans ce chapitre. Prenez ces suggestions au sérieux et mettez-les en œuvre le plus rapidement possible :

1. Allez dans un endroit calme (de préférence au lit, le soir) où vous ne serez pas dérangé(e) ou interrompu(e), fermez les yeux, et répétez à voix haute (afin que vous puissiez entendre vos propres mots) la déclaration écrite du montant d'argent que vous avez l'intention d'accumuler, le délai d'acquisition et une description du service ou du bien que vous avez l'intention de donner en échange de l'argent. À mesure que vous effectuez ces instructions, voyez-vous déjà en possession de l'argent.

Par exemple, supposons que vous ayez l'intention d'accumuler 50 000 € d'ici le 1er janvier, dans cinq ans, en offrant des services personnels en tant que vendeur, en échange d'argent. La déclaration écrite de votre but devrait être similaire à celle-ci :

« D'ici le 1er janvier 20 , j'aurai en ma possession 50 000 € que je recevrai de temps à autre sous diverses formes pendant cette période. En échange de cet argent, je vais offrir le service le plus efficace possible, sous la forme la plus complète possible et de la meilleure qualité possible en tant que vendeur de (décrire le service ou le bien que vous avez l'intention de vendre).

« Je crois que je vais avoir cet argent en ma possession. Ma foi est si forte que je peux maintenant voir cet argent sous mes yeux. Je peux le toucher avec mes mains. Il n'attend que de m'être transféré dans la proportion du service que j'ai l'intention de rendre en échange de celui-ci, une fois ce service terminé. Je suis dans l'attente d'un plan pour accumuler cet argent, et je suivrai ce plan lorsqu'il sera disponible. »

2. Répétez ce programme soir et matin jusqu'à ce que vous puissiez voir (dans votre imagination) l'argent que vous avez l'intention d'accumuler.

3. Placez une copie écrite de votre déclaration à un endroit visible le soir et le matin. Lisez-la juste avant d'aller au lit et à nouveau au réveil, jusqu'à l'avoir en mémoire.

Rappelez-vous qu'en suivant ces instructions, vous appliquez le principe de l'auto-suggestion dans le but de donner des ordres à votre esprit subconscient. Rappelez-vous également que votre esprit subconscient agira *uniquement* sur des instructions émotionnalisées auxquelles des « émotions » auront été ajoutées.

La foi est la plus forte et la plus productive des émotions. Suivez les instructions données au chapitre 2 sur la *Foi.* Ces instructions peuvent d'abord sembler abstraites. Ne laissez pas cela vous perturber. Suivez les instructions, aussi abstraites ou peu pratiques qu'elles puissent sembler au premier abord. L'heure viendra où, si vous suivez ces instructions en esprit comme en acte, un tout nouvel univers de pouvoir se déploiera à vous.

Le scepticisme qui accompagne *toutes* les nouvelles idées est caractéristique de tous les êtres humains. Mais si vous suivez les instructions décrites, votre scepticisme sera bientôt remplacé par la croyance, et cela, à son tour, se cristallisera sous peu en *foi absolue.* Vous aurez alors atteint le point où vous pourrez vraiment dire : « Je suis le maître de mon destin, le capitaine de mon âme »

Chapitre 4

LES CONNAISSANCES SPÉCIALISÉES : LA QUATRIÈME ÉTAPE VERS LA RICHESSE

Connaissances spécialisées : expériences ou observations personnelles

Il existe deux types de connaissances : générale et spécialisée. Les connaissances générales, aussi nombreuses ou variées soient-elles, ne sont que peu utiles pour accumuler de l'argent. Les facultés des grandes universités possèdent, dans l'ensemble, pratiquement toutes les formes de connaissances générales connues de la civilisation. La plupart des professeurs ont peu ou pas d'argent. Ils se spécialisent dans l'enseignement des connaissances, mais ils ne se spécialisent pas dans l'organisation ou l'utilisation des connaissances.

Les connaissances n'attireront pas d'argent à moins qu'elles ne soit organisées et intelligemment dirigées par des *plans d'action pratiques menant à une fin précise* d'accumulation d'argent. Le manque de compréhension entourant ce fait a été la source de confusion pour des millions de personnes, qui croient à tort que « les connaissances, c'est le pouvoir ». Eh bien pas du tout ! Les connaissances ne sont qu'un pouvoir potentiel. Elles deviennent un pouvoir que lorsque, et si, elles sont organisées en plans d'action précis, à une fin précise.

Ce « chaînon manquant » dans tous les systèmes d'éducation connus de la civilisation d'aujourd'hui, peut être retrouvé dans les établissements d'enseignement, qui ne parviennent pas à enseigner à leurs élèves *comment organiser et utiliser leurs connaissances après les avoir acquises.*

Avant d'être sûr(e) de pouvoir transmuter votre *désir* en son équivalent monétaire, vous aurez besoin d'une connaissance spécialisée du service, du bien ou de la profession que vous avez l'intention d'offrir en échange de la fortune. Peut-être pourriez-vous avoir besoin de connaissances beaucoup plus spécialisées que ce vous avez la capacité ou l'envie d'acquérir. Si c'est le cas, vous pouvez combler votre faiblesse à travers votre groupe du Cerveau Collectif.

Andrew Carnegie a déclaré qu'il ne savait personnellement rien de la dimension technique de l'industrie sidérurgique. En outre, il ne tenait pas particulièrement à en savoir plus. Il a trouvé les connaissances spécialisées dont il avait besoin pour la fabrication et la commercialisation de l'acier par l'intermédiaire des unités individuelles de son groupe du Cerveau Collectif.

L'accumulation de grandes fortunes exige un *pouvoir* acquis grâce à des connaissances spécialisées hautement organisées et intelligemment dirigées. Toutefois, la personne qui accumule la fortune n'a pas nécessairement besoin d'être en possession de ces connaissances.

Le paragraphe précédent devrait donner de l'espoir et de l'encouragement à tous ceux qui ont l'ambition d'accumuler une fortune et qui n'ont pas eu « l'éducation » nécessaire pour fournir les connaissances spécialisées requises. Beaucoup de gens avancent dans la vie en souffrant de « complexes d'infériorité », car ils ne sont pas « instruits ». La personne qui sait organiser et diriger un groupe du Cerveau Collectif qui possède des connaissances utiles à l'accumulation d'argent est une personne toute aussi instruite que n'importe qui d'autre dans le groupe.

Si vous souffrez d'un sentiment d'infériorité parce que votre scolarité a été limitée, rappelez-vous que Thomas A. Edison n'a suivi que trois mois de « scolarité » au cours de sa vie. Il n'a pas manqué d'éducation, il n'est pas mort pauvre non plus. Et Henry Ford, fondateur de Ford Motor Company, n'a pas atteint le collège, mais il a réussi à devenir extrêmement influent dans le monde industriel, en introduisant des nouvelles méthodes de production de masse révolutionnaires et la première chaîne de montage en mouvement pour les voitures, ce qui lui a grandement profité financièrement.

À mesure que les connaissances sont acquises, elles doivent être organisées et utilisées dans un but précis au moyen de plans pratiques.

Les connaissances spécialisées comptent parmi les formes de service les plus abondantes et les moins chères. Tout d'abord, décidez du type de connaissances spécialisées dont vous avez besoin et du but pour lequel elles sont nécessaires. En grande partie, votre but principal dans la vie, l'objectif vers lequel vous travaillez, aidera à déterminer les connaissances dont vous aurez besoin. À présent que cette question est réglée, votre prochaine étape consiste à acquérir des informations précises concernant des sources fiables de connaissances. Voici les plus importantes :

- Votre propre expérience et éducation
- L'expérience et l'éducation disponibles par le biais d'une coopération avec d'autres personnes (alliance du Cerveau Collectif)
- Les collèges et universités
- Les bibliothèques publiques (livres et périodiques dans lesquels on peut trouver toutes les connaissances organisées par la civilisation)
- Les cours de formations spécifiques (en particulier les cours du soir et les cours à domiciles)
- Les ressources sur Internet

À mesure que les connaissances sont acquises, elles doivent être organisées et utilisées dans un but précis au moyen de plans pratiques. Les connaissances n'ont aucune valeur à l'exception de ce qui peut être gagné lorsqu'on les applique à une fin digne. C'est l'une des raisons pour lesquelles les diplômes universitaires ne sont pas davantage valorisés. Ils ne représentent rien d'autre que des connaissances diverses.

Si vous envisagez de faire à nouveau des études, déterminez d'abord le but pour lequel vous voulez avoir les connaissances que vous recherchez, puis déterminez comment obtenir ce type particulier de connaissances, en vous adressant à des sources fiables.

Les personnes qui réussissent, dans toutes les vocations, ne cessent d'acquérir des connaissances spécialisées liées à leur but principal, à leur entreprise ou à leur profession. Ceux qui ne réussissent pas font habituellement l'erreur de croire que la période d'acquisition des connaissances prend fin lorsqu'ils terminent leurs études. À vrai dire, l'école ne fait guère plus que mettre une personne sur le chemin de l'apprentissage de connaissances pratiques.

Les connaissances spécialisées sont la *base de toutes les idées.* Malheureusement, pour ceux qui ne trouvent pas de richesses en abondance, les connaissances spécialisées sont plus abondantes et plus faciles à acquérir que les *idées.* En raison de cette vérité même, il existe une demande universelle et une occasion sans cesse croissante pour les personnes capables d'aider les hommes et les femmes à vendre leurs services personnels de manière avantageuse.

Par capacité, on entend *imagination,* la seule qualité nécessaire pour combiner des connaissances spécialisées avec des *idées,* sous la forme de *plans organisés* conçus pour produire des richesses.

Si vous avez une imagination vive, le chapitre suivant vous présentera peut-être une idée qui pourrait servir de point de départ pour obtenir la richesse que vous désirez avoir. Rappelez-vous, *l'idée*, la pensée, est l'élément principal. Des connaissances spécialisées peuvent se trouver à n'importe quel coin de la rue !

POINTS RÉCAPITULATIFS IMPORTANTS

- Il existe deux types de connaissances : générale et spécialisée.
- Les connaissances générales ne sont que peu utiles pour accumuler de l'argent.
- Les connaissances n'attireront pas d'argent à moins qu'elles ne soit organisées et intelligemment dirigées par des plans d'action pratiques menant à une fin précise d'accumulation d'argent.
- Le chaînon manquant dans tous les systèmes d'éducation connus de la civilisation d'aujourd'hui consiste à savoir comment organiser et utiliser des connaissances après les avoir acquises.
- Décidez du type de connaissances spécialisées dont vous avez besoin et du but pour lequel elles sont nécessaires. Ensuite, faites-en acquisition.
- Les connaissances n'ont aucune valeur à l'exception de ce qui peut être gagné lorsqu'on les applique à une fin digne.

- Les personnes qui réussissent, dans toutes les vocations, ne cessent d'acquérir des connaissances spécialisées liées à leur but principal, à leur entreprise ou à leur profession.

PASSEZ À L'ACTION

1. Avez-vous déterminé le *but* et la *nécessité* d'acquérir des connaissances spécifiques ?

2. De quel type de connaissances spécialisées avez-vous besoin pour atteindre votre ou vos objectifs ? Dressez la liste de vos idées en termes de sources potentielles de connaissances spécialisées ci-dessous :

3. Avez-vous fait des recherches et trouvé une source fiable et crédible pour acquérir ce type particulier de connaissances ?

4. Quelles mesures spécifiques allez-vous prendre pour commencer à acquérir les connaissances spécifiques dont vous avez besoin pour réussir ? Notez les étapes. Définissez un calendrier. Puis, passez à l'action.

Chapitre 5

L'IMAGINATION : LA CINQUIÈME ÉTAPE VERS LA RICHESSE

L'imagination : l'atelier de l'esprit

L'imagination est littéralement l'atelier où tous les plans sont façonnés. Une forme et une *action* sont attribuées à l'impulsion, au *désir*, à l'aide de la faculté imaginative de l'esprit.

On dit que les gens peuvent créer tout ce qu'ils peuvent imaginer. Parmi tous les âges de la civilisation, le présent est le plus favorable au développement de l'imagination, car nous vivons dans une ère de changement rapide. À tout moment, nous pouvons être au contact de stimuli qui développent l'imagination.

Grâce à l'aide de notre faculté imaginative, nous avons découvert et exploité plus de forces de la Nature au cours des cinquante dernières années que pendant toute l'histoire de l'humanité. Notre conquête de l'air est tellement complète que les oiseaux ne peuvent plus rivaliser. Nous avons exploité l'éther et avons fait de lui un moyen de communication instantanée avec n'importe quelle partie du monde.

Nous avons analysé et examiné le soleil à une distance de millions de kilomètres et déterminé, à l'aide de notre *imagination*, les éléments dont il se compose. Nous avons découvert que nos cerveaux diffusent et reçoivent des fréquences pour la vibration de la pensée. Et nous commençons maintenant à apprendre à faire un usage pratique de cette découverte.

Deux formes d'imagination

La faculté imaginative fonctionne sous deux formes : « l'imagination synthétique » et « l'imagination créatrice ».

L'imagination synthétique : grâce à l'imagination synthétique, nous pouvons réorganiser de vieilles idées et de vieux concepts ou plans selon de nouvelles combinaisons. Cette faculté ne crée rien. Elle fonctionne simplement à l'aide de notre expérience, notre éducation et nos observations. Il s'agit de la faculté la plus utilisée par les inventeurs, à l'exception du « génie » qui puise dans l'imagination créatrice, quand il ne peut pas résoudre un problème par l'imagination synthétique.

L'imagination créatrice : grâce à la faculté de l'imagination créatrice, l'esprit fini de l'humain est en communication directe avec l'Intelligence Infinie. Il s'agit de la faculté par laquelle sont reçues les

« intuitions » et les « inspirations ». C'est par cette faculté que toutes les idées de base ou les nouvelles idées sont transmises aux gens.

C'est à travers cette faculté que les vibrations de pensées de l'esprit des autres sont reçues. C'est par l'intermédiaire de cette faculté qu'une personne peut « rester à l'écoute » ou communiquer avec l'esprit subconscient d'autres personnes.

L'imagination créatrice fonctionne automatiquement de la manière décrite dans les pages suivantes. Cette faculté fonctionne *uniquement* lorsque l'esprit conscient vibre à un rythme extrêmement rapide, comme par exemple lorsqu'il est stimulé par l'émotion d'un désir fort. Plus on l'utilise, *plus la faculté créative devient plus alerte, plus réceptive aux vibrations des sources mentionnées.* Cette déclaration est importante ! Réfléchissez-y avant de continuer à lire.

En suivant ces treize étapes, ou principes, gardez à l'esprit que toute l'histoire ne sera complète que lorsque vous aurez *maîtrisé, assimilé, et commencé à faire usage* de l'ensemble de ces étapes.

Les grands chefs d'entreprise, leaders des industries et de la finance, et les grands artistes, musiciens, poètes et écrivains sont devenus éminents parce qu'ils ont développé la faculté de l'imagination créatrice. Les facultés synthétiques et créatives de l'imagination deviennent plus alertes avec l'utilisation, tout comme n'importe quel muscle ou organe du corps.

Le désir n'est qu'une pensée, une impulsion. Il est nébuleux et éphémère. Il est abstrait et sans valeur tant qu'il n'a pas été transformé en son équivalent physique. L'imagination synthétique est celle utilisée le plus souvent dans le processus de transformation de l'impulsion du *désir* en argent. Toutefois, gardez à l'esprit que vous pouvez faire face à des circonstances et des situations qui exigent également l'utilisation de l'imagination créatrice.

Un plan est nécessaire pour transformer le désir intangible en réalité tangible de l'argent.

Votre faculté imaginative est peut-être devenue faible par inaction. Elle peut être ravivée et rendue alerte en étant *utilisée.* Cette faculté ne meurt pas, bien qu'elle puisse devenir inactive par manque d'utilisation.

Un ou plusieurs plans sont nécessaires pour *transformer l'impulsion intangible en réalité tangible de l'argent.* Ces plans doivent être établis à l'aide de l'imagination, et surtout, à travers la faculté d'imagination synthétique.

Commencez immédiatement à mettre votre imagination au travail en établissant un ou plusieurs plans pour transformer votre désir en argent. Des instructions détaillées pour établir des plans ont été données dans presque tous les chapitres du livre *Réfléchissez et devenez riche.* Effectuez les instructions les mieux adaptées à vos besoins, et résumez votre plan par écrit, si ce n'est pas déjà fait.

POINTS RÉCAPITULATIFS IMPORTANTS

- Une forme et une action sont attribuées à l'impulsion, au désir, à l'aide de la faculté imaginative de l'esprit.

- On dit que les gens peuvent créer tout ce qu'ils peuvent imaginer.
- Parmi tous les âges de la civilisation, le présent est le plus favorable au développement de l'imagination, car nous vivons dans une ère de changement rapide.
- Votre seule limite raisonnable réside dans le développement et l'utilisation de votre imagination.
- L'imagination synthétique réorganise les vieilles idées et les vieux concepts et plans selon de nouvelles combinaisons.
- L'imagination créatrice est l'inspiration de nouvelles idées.
- La majorité des grandes histoires à succès commence par le jour où un créateur d'idées et un vendeur d'idées se sont réunis et ont travaillé en harmonie.

PASSEZ À L'ACTION

1. Êtes-vous dans le processus de transformation de l'impulsion du désir en argent ? Écrivez chaque étape de votre processus et ses progrès.

2. Votre faculté imaginative est-elle devenue faible par inaction ? Avez-vous besoin de l'utiliser pour la raviver ? Quelles mesures prendrez-vous pour la raviver ?

3. Développez-vous votre imagination synthétique ? Elle est le plus souvent utilisée lors du processus de conversion du désir en argent.

4. Un ou plusieurs plans sont nécessaires pour transformer l'impulsion intangible en réalité tangible de l'argent. Avez-vous un plan pour cette transformation ? Rédigez un plan convaincant et pratique, puis mettez-le en action.

Chapitre 6

LA PLANIFICATION ORGANISÉE : LA SIXIÈME ÉTAPE VERS LA RICHESSE

La cristallisation du désir en action

Vous avez appris que tout ce que l'humanité crée ou acquiert commence sous la forme du *désir*, que le désir est abordé à son point de départ, de l'abstrait au concret, dans l'atelier de *l'imagination*, où les *plans* de sa transition sont créés et organisés.

Au chapitre 1, on vous a demandé de suivre six étapes précises et pratiques comme premier pas pour traduire le désir d'argent en son équivalent monétaire. L'une de ces étapes est l'établissement d'un ou de plusieurs plans *précis* et pratiques, grâce auxquels cette transformation peut être effectuée, y compris la formation d'un groupe du Cerveau Collectif.

Voici quatre étapes pour établir des plans pratiques :

1. Formez un groupe composé d'autant de personnes que nécessaire pour créer et réaliser votre ou vos plans pour accumuler de l'argent, en faisant usage du principe du Cerveau Collectif décrit dans un chapitre ultérieur. (Il est absolument essentiel de respecter cette instruction. Ne la négligez pas.)

2. Avant de former votre alliance du Cerveau Collectif, décidez quels avantages et bénéfices vous pouvez offrir aux membres individuels de votre groupe en échange de leur coopération. Personne ne travaillera indéfiniment sans une forme quelconque d'indemnisation. Aucune personne intelligente ne demandera ou ne s'attendra à ce qu'une autre travaille sans compensation adéquate, bien que cela ne soit pas toujours sous forme d'argent.

3. Prenez des dispositions pour rencontrer les membres de votre groupe du Cerveau Collectif au moins deux fois par semaine, plus souvent si possible, jusqu'à ce que vous ayez perfectionné ensemble le ou les plans nécessaires pour accumuler de l'argent.

4. Maintenez une *parfaite harmonie* entre vous et tous les membres de votre groupe du Cerveau Collectif.

> Si vous ne parvenez pas à exécuter cette instruction à la lettre, vous échouerez peut-être. Le principe du Cerveau Collectif ne peut pas être acquis là où une harmonie parfaite n'existe pas.

Gardez à l'esprit les faits suivants :

> Premièrement. Vous vous engagez dans un projet d'une importance capitale pour vous. Pour assurer votre succès, vous devez disposer de plans irréprochables.

> Deuxièmement. Vous devez avoir l'avantage de l'expérience, de l'éducation, des aptitudes innées et de l'imagination des autres esprits. Cela s'effectue en harmonie avec les méthodes suivies par chaque personne qui a accumulé une grande fortune.

Aucune personne n'a suffisamment d'expérience, d'éducation, d'aptitudes innées et de connaissances pour assurer l'accumulation d'une grande fortune sans la coopération d'autres personnes. Chaque plan que vous adoptez, dans votre effort pour accumuler de la richesse, devrait être le fruit d'une création commune à vous-même et tous les autres membres de votre groupe du Cerveau Collectif. Vous pouvez être à l'origine de vos propres plans, en tout ou en partie, mais *assurez-vous que vos plans sont examinés et approuvés par les membres de votre alliance du Cerveau Collectif.*

Si le premier plan que vous adoptez n'a pas de succès, remplacez-le par un nouveau plan. Si ce nouveau plan ne fonctionne pas, remplacez-le à son tour par un autre, et ainsi de suite, *jusqu'à ce que vous trouviez un plan qui fonctionne.* C'est à ce niveau-là que la majorité des gens rencontrent l'échec, à cause de leur manque de *persévérance* à créer de nouveaux plans pour remplacer ceux qui échouent.

Personne ne peut accumuler de l'argent sans plans pratiques et réalisables.

La personne la plus intelligente sur terre ne peut réussir à accumuler de l'argent, ou quoi que ce soit d'autre, sans plans pratiques et réalisables. Gardez ce fait à l'esprit : lorsque vos plans échouent, cette défaite temporaire n'est pas un échec permanent. Cela peut seulement signifier que vos plans n'étaient pas solides. Élaborez d'autres plans. Recommencez depuis le début.

Thomas A. Edison a « échoué » dix mille fois avant de perfectionner l'ampoule électrique à incandescence. Autrement dit, il a subi une défaite temporaire dix mille fois avant que ses efforts ne soient couronnés de succès.

La défaite temporaire ne devrait signifier qu'une seule chose : la certitude que quelque chose ne va pas dans votre plan. Des millions de personnes passent leur vie dans la misère et la pauvreté parce qu'elles n'ont pas de plan solide pour accumuler le bonheur et la fortune.

La grandeur de vos réussites est parallèle à la solidité de vos plans.

Henry Ford a accumulé une fortune non pas à grâce à son esprit supérieur, mais parce qu'il a adopté et suivi un *plan solide.* Un millier de personnes pourraient être désignées comme ayant une meilleure éducation que Ford, mais ces milliers vivent dans la pauvreté car ils ne possèdent pas le bon plan pour accumuler de l'argent.

POINTS RÉCAPITULATIFS IMPORTANTS

- Si le premier plan que vous adoptez n'a pas de succès, remplacez-le par un nouveau plan, et continuez à essayer et à remplacer jusqu'à ce que cela fonctionne.
- La personne la plus intelligente sur terre ne peut réussir à accumuler de l'argent, ou quoi que ce soit d'autre, sans plans pratiques et réalisables.
- Des millions de personnes passent leur vie dans la misère et la pauvreté parce qu'elles n'ont pas de plan solide pour accumuler une fortune.
- La grandeur de vos réussites est parallèle à la solidité de vos plans.

PASSEZ À L'ACTION

Il existe dix causes majeures d'échec dans le leadership. Lisez attentivement ce qui suit, puis décrivez des expériences qui vous ont causé des ennuis dans le passé pour chacun des points et ce que vous allez faire pour les empêcher d'être des problèmes à l'avenir :

1. *Incapacité à organiser les détails.* Un leadership efficace exige la capacité d'organiser et de maîtriser les détails. Aucun véritable leader n'est jamais « trop occupé » pour

faire tout ce qui est nécessaire en sa qualité de leader. Que vous soyez leader ou partisan, lorsque vous admettez que vous êtes « trop occupé(e) » pour modifier un plan ou prêter attention à une situation d'urgence, vous admettez votre inefficacité. Le leader efficace doit être le maître de tous les détails liés à la situation. Cela signifie, bien sûr, acquérir l'habitude de reléguer les détails à des collègues compétents.

2. *Refus de rendre un service humble.* Les véritables grands leaders sont disposés, lorsque l'occasion l'exige, à exécuter n'importe quelle sorte de travail qu'ils demanderaient à quelqu'un d'autre d'exécuter.

3. *Espoir d'être payé(e) pour ce que l'on « sait » plutôt que pour ce que l'on « fait » avec ses connaissances.* Les gens ne sont pas payés pour ce qu'ils « savent ». Ils sont payés pour ce qu'ils *font,* ou incitent les autres à faire.

4. *Peur de la concurrence des partisans.* Le leader qui craint que l'un des partisans veut sa position est pratiquement sûr de faire de cette peur une réalité tôt ou tard. D'autre part, le leader habile forme des apprentis afin de pouvoir déléguer des tâches. Ce n'est qu'ainsi qu'un leader peut se multiplier et se préparer à être à de nombreux endroits et accorder de l'importance à beaucoup de choses à la fois. Il a été démontré que les gens sont mieux payés lorsqu'ils *délèguent des tâches* que lorsqu'ils tentent de tout faire par eux-mêmes. Un leader efficace peut, par la connaissance de son devoir et le magnétisme de sa personnalité, augmenter considérablement l'efficacité des autres, et les inciter à rendre des services plus nombreux et de meilleure qualité que ceux qu'il rendrait par lui-même.

5. *Manque d'imagination.* Sans imagination, le leader est incapable de répondre aux urgences et de créer des plans pour guider efficacement les partisans.

6. *Égoïsme.* Le leader qui récolte tout l'honneur du travail des partisans est sûr de susciter de la rancune. Le véritable grand leader ne revendique aucun des honneurs. Il ou elle se contente de donner les honneurs, lorsqu'il y en a, aux partisans, en sachant que la plupart des gens travaillent plus dur pour être couverts d'éloges et de reconnaissance que pour l'argent lui-même.

7. *Intempérance.* Les partisans ne respectent pas les leaders intempérants. En outre, l'intempérance, sous quelque forme qu'elle soit, détruit l'endurance et la vitalité de tous ceux qui s'y livrent.

8. *Déloyauté.* La déloyauté aurait peut-être dû être placée en tête de liste. Le leader qui n'est pas loyal ou digne de confiance envers les associés, les personnes placées plus haut et celles placées plus bas, ne peut pas maintenir son leadership bien longtemps. La déloyauté rend une personne méprisable. Le manque de loyauté est l'une des principales causes d'échec dans toutes les sphères de la vie.

9. *On met l'accent sur « l'autorité » du leadership.* Le leader efficace mène en encourageant, pas en essayant de provoquer la peur dans le cœur des partisans. Le leader qui tente d'impressionner ses partisans par « autorité » est placé dans la catégorie « leadership par la force ». Si un leader est un vrai leader, il n'aura pas besoin de le proclamer, sauf par bonne conduite — compassion, compréhension, équité et démonstration de ses connaissances du devoir.

10. *Emphase sur le titre.* Le leader compétent n'exige aucun « titre » pour gagner le respect des partisans. Le leader qui en fait trop sur son titre n'a généralement pas grand-chose d'autre à souligner. Les portes du bureau du vrai leader sont ouvertes à tous ceux qui souhaitent entrer, et ses espace de travail sont exempts de formalité ou d'ostentation.

Chapitre 7

LA DÉCISION : LA SEPTIÈME ÉTAPE VERS LA RICHESSE

La décision : la maîtrise de la procrastination

Une analyse précise de plus de 25 000 hommes et femmes qui avaient connu un échec a révélé que *l'absence de décision* se trouvait quasiment en haut de la liste des trente principales causes *d'échec.* Ceci n'est pas simplement la déclaration d'une théorie, c'est un fait.

La procrastination, le contraire de la *décision,* est un ennemi commun que la majorité des hommes et des femmes doivent conquérir.

Vous aurez l'occasion de tester votre capacité à prendre des *décisions* rapides et précises lorsque vous aurez terminé la lecture de ce livre et serez prêt(e) à mettre en *pratique* les principes que vous aurez appris.

Une analyse de plusieurs centaines de personnes qui avaient *accumulé des fortunes* bien au-delà de la barre du million de dollars a révélé le fait que chacun d'entre eux avait l'habitude de *prendre des décisions rapidement* et de changer ces décisions *lentement,* si et quand elles devaient être modifiées.

Les gens qui *ne parviennent pas* à accumuler de l'argent, sans exception, ont l'habitude de prendre des décisions, *s'ils le font,* très lentement, et de changer ces décisions rapidement et souvent.

L'une des qualités les plus remarquables d'Henry Ford était son habitude de prendre des décisions rapidement et de façon précise, et de les changer lentement. Cette qualité était si prononcée chez M. Ford qu'elle lui a donné la réputation d'être obstiné. Cette qualité a incité M. Ford à continuer à fabriquer son célèbre modèle « T » (la voiture la plus laide du monde), alors que tous ses conseillers, et plusieurs des personnes ayant acheté la voiture l'exhortaient à le changer.

Prenez l'habitude de prendre des décisions rapidement et de manière précise, et de les changer lentement.

Peut-être que M. Ford a pris trop de temps pour faire son changement, mais en attendant, sa décision ferme lui a permis de récolter une énorme fortune, avant même que le changement de modèle ne devienne nécessaire. Il ne fait guère de doute que l'habitude que M. Ford avait à prendre des décisions précises reflète son degré d'obstination. Toutefois, mieux vaut avoir cette qualité que prendre des décisions lentement et les changer rapidement.

La majorité des personnes qui ne parviennent pas à accumuler suffisamment d'argent pour leurs besoins sont généralement facilement influencées par les « opinions » des autres. Elles laissent les journaux et leurs voisins bavards penser à leur place. Les opinions sont les denrées les plus abordables sur terre. Tout le monde a son lot d'opinions à exprimer à la première personne qui tendra l'oreille. Si vous êtes influencé(e) par les opinions lorsque vous prenez des décisions, vous ne réussirez aucun de vos projets, et encore moins celui qui consiste à transmuter votre propre désir en argent.

Si vous êtes influencé(e) par les opinions des autres, vous n'aurez aucun désir qui vous soit propre.

Lorsque vous commencerez à mettre en pratique les principes décrits ici, prenez vos propres décisions et suivez-les. Ne les confiez à personne, sauf aux membres de votre groupe du Cerveau Collectif et soyez certain(e) lorsque vous sélectionnez ce groupe que vous choisissez seulement ceux qui seront en accord complet et en harmonie avec votre but.

Bien qu'ils ne le font pas intentionnellement, les amis proches et les parents handicapent souvent leurs proches avec des opinions non sollicitées et parfois de la moquerie, qu'ils utilisent sous forme d'humour. Des milliers d'hommes et de femmes ont des complexes d'infériorité tout au long de leur vie parce qu'une personne bien intentionnée, mais ignorante, a détruit leur confiance avec des opinions ou des moqueries.

Vous avez votre propre cerveau et votre propre esprit. *Utilisez-les* pour prendre vos propres décisions. Si vous avez besoin de faits ou d'informations d'autres personnes pour pouvoir prendre des décisions, ce que vous aurez probablement à faire dans de nombreux cas, obtenez les faits ou sécurisez les informations dont vous avez besoin discrètement, sans divulguer votre but.

Il est caractéristique des gens qui n'ont que quelques notions ou des connaissances superficielles d'essayer de donner l'impression qu'ils en savent beaucoup. En général, ces gens *parlent trop et n'écoutent pas assez.* Gardez les yeux et les oreilles grands ouverts, et la bouche fermée, si vous souhaitez acquérir l'habitude de prendre des décisions rapidement. Ceux qui parlent trop ne font pas grand-chose d'autre. Si vous parlez plus que vous n'écoutez, non seulement vous vous privez de nombreuses occasions d'accumuler des connaissances utiles, mais vous divulguez également *vos plans et vos buts* à des gens qui se feront un grand plaisir de vous vaincre, parce qu'ils vous envient.

La valeur des décisions dépend du courage nécessaire pour les prendre.

La valeur des décisions dépend du courage nécessaire pour les prendre. Les grandes décisions, qui ont servi de fondement à la civilisation, ont été prises en assumant de grands risques, et ces risques étaient souvent liés à la mort.

Abraham Lincoln a pris la décision de publier sa célèbre Proclamation d'émancipation, qui a libéré les esclaves, en étant tout à fait conscient que son acte retournerait des milliers d'amis et de partisans politiques contre lui. Il savait également que l'exécution de cette proclamation entraînerait la mort de milliers d'hommes sur le champ de bataille. En fin de compte, cela a coûté à Lincoln sa vie. Cela exigeait du courage.

La décision de Socrate de boire le poison, plutôt que de faire des compromis dans sa croyance personnelle était une décision courageuse. Cela a provoqué un saut de mille ans et a donné aux gens alors à naître le droit à la liberté de pensée et d'expression.

Toutefois, la plus grande décision de tous les temps, en ce qui concerne n'importe quel citoyen américain, a été prise à Philadelphie, le 4 juillet 1776, lorsque cinquante-six hommes ont apposé leur signature à un document qui apporterait, ils le savaient bien, la liberté à tous les Américains, ou mènerait chacun de ces cinquante-six hommes à la pendaison !

Analysez les événements qui ont conduit à la Déclaration d'indépendance et vous serez convaincus que cette nation, qui aujourd'hui inspire le respect et le pouvoir parmi toutes les nations du monde, est née d'une *décision* créée par un groupe du Cerveau Collectif, composé de cinquante-six hommes.

Notez que c'est leur *décision* qui a assuré le succès des armées de George Washington, car l'esprit de cette décision était dans le cœur de chaque soldat qui a combattu avec lui, et a servi de puissance spirituelle pour qui l'échec n'existe pas.

Notez également (avec un grand avantage personnel) que le pouvoir qui a donné à cette nation sa liberté est ce même pouvoir qui doit être utilisé par chaque individu qui devient auto-déterminant. Ce pouvoir est composé des principes décrits dans ce manuel. Il n'est pas difficile de détecter, dans l'histoire de la Déclaration d'indépendance, au moins six de ces principes : *le désir, la décision, la foi, la persévérance, le Cerveau Collectif et la planification organisée.*

D'un bout à l'autre de cette philosophie se trouve la suggestion que *la pensée*, soutenue par un fort *désir*, a tendance à se transmuter en son équivalent physique. Avant d'aller plus loin, je voudrais vous soumettre l'idée que vous trouverez peut-être dans cette histoire et dans celle de l'organisation de la United States Steel Corporation une description parfaite de la méthode par laquelle la pensée vit cette transformation étonnante.

Dans votre recherche du secret de la méthode, ne cherchez pas un miracle, parce que vous ne le trouverez pas. Vous ne trouverez que les lois éternelles de la Nature. Ces lois sont à la disposition de toute personne qui a la *foi* et le *courage* de les utiliser. Elles peuvent être utilisées pour libérer une nation, ou pour accumuler des richesses. Elles ne coûtent rien, à part le temps nécessaire pour les comprendre et se les approprier.

Ceux qui prennent des décisions de manière rapide et précise savent ce qu'ils veulent et l'obtiennent généralement. Les dirigeants de tous les milieux prennent des décisions rapides et précises. Il s'agit de la raison principale pour laquelle ils sont leaders. Le monde a l'habitude de faire de la place à ceux dont les paroles et les actions montrent qu'ils savent où ils vont.

Ceux qui prennent des décisions de manière rapide et précise obtiennent généralement ce qu'ils veulent.

L'indécision est une habitude qui s'installe généralement lorsqu'une personne est encore jeune. L'habitude devient permanente lorsque les jeunes vont à l'école primaire, l'école secondaire, et même l'université, mais n'ont pas de but précis. La principale faiblesse de tous les systèmes éducatifs est qu'ils n'enseignent ni n'encouragent l'adoption d'une habitude de prises de décisions précises.

Il serait souhaitable qu'aucune université n'autorise l'inscription d'un étudiant, à moins que celui-ci ne déclare son but principal lors de son admission. Il serait encore plus avantageux que chaque étudiant soit obligé d'accepter une formation en adoption d'habitudes de prises de décisions, et forcé de réussir un examen satisfaisant à ce sujet avant d'être autorisé à poursuivre son parcours.

L'habitude d'indécision acquise en raison des lacunes de nos systèmes scolaires se poursuit lorsque l'étudiant choisit sa profession, s'il en choisit une. En général, les jeunes qui sortent de l'école cherchent un emploi, et prennent le premier qui se présente. J'ose dire que quatre-vingt-dix-huit personnes sur cent qui ont un emploi rémunéré aujourd'hui occupent ces postes parce qu'elles n'ont pas pris la décision précise de planifier l'obtention d'un poste précis et qu'elles ne savaient pas comment choisir un employeur.

La précision de la décision exige toujours du courage, et parfois un très grand courage. Les cinquante-six hommes qui ont signé la Déclaration d'indépendance ont misé leur vie sur la décision d'apposer leurs signatures sur ce document. La personne qui prend la décision précise de se procurer un emploi particulier et qui paye le prix demandé pour sa vie ne mise pas celle-ci sur cette décision. La décision se joue sur la *liberté économique.*

L'indépendance financière, la richesse et les entreprises et postes professionnels souhaitables ne sont pas à la portée de la personne qui néglige ou refuse de *prévoir, de planifier et d'exiger* ces choses. La personne qui désire des richesses dans le même esprit que Samuel

Adams désirait la liberté pour les Colonies est certaine d'accumuler des richesses.

Dans le chapitre sur la Planification organisée du livre *Réfléchissez et devenez riche*, vous trouverez des instructions complètes pour la commercialisation de tous les types de services personnels. Vous trouverez également des informations détaillées sur la façon de choisir l'employeur que vous préférez, et l'emploi particulier que vous désirez. Ces instructions ne seront d'aucune valeur pour vous à moins que vous décidiez de manière précise de les organiser en un plan d'action.

POINTS RÉCAPITULATIFS IMPORTANTS

- La procrastination, le contraire de la décision, est un ennemi commun que tout le monde doit vaincre.
- L'analyse de plusieurs centaines de millionnaires a montré que chacun d'eux avait l'habitude de prendre des décisions rapidement et de les changer lentement, voire pas du tout.
- La majorité des personnes qui ne parviennent pas à accumuler suffisamment d'argent pour leurs besoins sont généralement facilement influencées par les opinions des autres.
- Si vous êtes influencé(e) par les opinions des autres, vous n'aurez aucun désir qui vous soit propre.

- Vous avez votre propre cerveau et votre propre esprit : utilisez-les pour prendre vos propres décisions.
- Gardez les yeux et les oreilles ouverts, et la bouche fermée, si vous voulez acquérir l'habitude de prendre des décisions rapidement.
- La valeur des décisions dépend souvent du courage nécessaire pour les prendre. Les grandes décisions, qui ont servi de fondement à la civilisation, ont été prises en assumant de grands risques, et ces risques étaient souvent liés à la mort.
- L'indépendance financière, la richesse, les postes d'affaires et professionnels souhaitables ne sont pas à la portée de la personne qui néglige ou refuse de prévoir, de planifier et d'exiger ces choses.

PASSEZ À L'ACTION

Les principales causes d'échec sont énumérées ici. Évaluez chaque échec décrit et notez votre réaction à chacun d'entre eux. Combien d'entre eux sont un frein pour *vous* ?

1. *Contexte héréditaire défavorable.* Il y a peu, voire rien, à faire pour les personnes qui sont nées avec une déficience intellectuelle. Cette philosophie offre une méthode pour combler cette faiblesse, à l'aide du Cerveau Collectif. Observez toutefois attentivement, que celle-ci est la *seule*

des trente causes d'échec qui peut ne pas être facilement corrigée par un individu quelconque.

2. *Absence d'un but bien précis dans la vie.* Il n'y a aucun espoir de réussite pour la personne qui n'a pas un but central ou un objectif précis à atteindre. Quatre-vingt-dix-huit pour cent des personnes analysées n'avaient pas un tel objectif. C'est peut-être pour cela qu'elles ont échoué.

3. *Manque d'instruction.* Ce handicap peut être surmonté avec une facilité relative. L'expérience a prouvé que les personnes les plus instruites sont souvent celles qui sont connues comme ayant réussi par elles-mêmes ou comme étant autodidactes. Il faut plus qu'un diplôme universitaire pour qu'une personne soit instruite. Toute personne instruite a appris à obtenir ce qu'elle veut dans la vie sans violer les droits d'autrui. L'instruction consiste non pas tant en connaissances, mais en connaissances appliquées efficacement et de façon persistante. Les gens sont payés non seulement pour ce qu'ils savent, mais plus particulièrement pour ce qu'ils font de ce qu'ils savent.

4. *Manque d'autodiscipline.* La discipline passe par la maîtrise de soi. Cela signifie que vous devez contrôler toutes les qualités négatives. Avant de pouvoir contrôler les conditions, vous devez d'abord vous contrôler vous-même. La maîtrise de soi est le travail le plus difficile que vous aurez jamais abordé. Si vous ne vous conquérez pas, vous serez conquis par vous-même. En vous regardant dans un miroir, vous pouvez voir à la fois votre meilleur ami et votre plus grand ennemi.

5. *Mauvaise santé.* Personne ne peut jouir d'un succès exceptionnel sans une bonne santé. Bon nombre des causes de mauvaise santé sont sujettes à la maîtrise et au contrôle.

6. *Procrastination.* La procrastination est l'une des causes d'échec les plus courantes. Cette bonne vieille procrastination se tient dans l'ombre de chaque être humain, attendant son occasion de gâcher vos chances de succès. La plupart d'entre nous passons notre vie comme des échecs ambulants parce que nous attendons le « bon moment d'avoir raison » pour commencer à faire quelque chose d'utile. N'attendez pas. Il n'y a pas de « bon moment ». Commencez où vous en êtes et travaillez avec tous les outils que vous pouvez avoir à votre disposition. Vous trouverez de meilleurs outils au fur et à mesure.

7. *Manque de persévérance.* La plupart d'entre nous sommes de bons « débutants », mais de mauvais « finisseurs » de tout ce que nous entreprenons. En outre, les gens ont tendance à abandonner aux premiers signes de défaite. Rien ne peut remplacer la persévérance. La personne qui fait de la persévérance son mot d'ordre découvre que l'échec finit par se fatiguer et s'en aller. L'échec ne peut pas faire face à la persévérance.

8. *Personnalité négative.* Il n'y a aucun espoir de réussite pour la personne qui repousse les autres à cause d'une personnalité négative. Le succès passe par l'application du pouvoir, et le pouvoir est atteint grâce aux efforts coopératifs d'autres personnes. Une personnalité négative n'incitera pas à la coopération.

9. *Désir incontrôlé de « quelque chose pour rien »*. L'instinct du jeu conduit des millions de personnes à l'échec. On peut en trouver la preuve dans une variété d'événements actuels ainsi que dans une étude du krach de Wall Street de 1929, au cours duquel des millions de personnes ont essayé de gagner de l'argent en pariant sur les marges des actions.

10. *Absence d'un pouvoir de décision bien défini.* Les gens qui réussissent prennent des décisions rapidement et les changent très lentement, voire pas du tout. Les gens qui échouent prennent des décisions très lentement, voire pas du tout, et les changent fréquemment et rapidement. L'indécision et la procrastination sont intimement liées. Là où l'on trouve l'une, on peut généralement aussi trouver l'autre. Débarrassez-vous de cette paire avant de ne plus pouvoir quitter le chemin de l'échec.

11. *Une ou plusieurs des six peurs fondamentales.* Ces peurs ont été analysées pour vous au chapitre 14. Elles doivent être maîtrisées avant que vous puissiez commercialiser efficacement vos services.

12. *Prudence excessive.* La personne qui ne prend aucun risque doit généralement se contenter de ce qu'il reste quand les autres ont fait leur choix. Une prudence excessive est aussi mauvaise qu'une prudence insuffisante. Les deux sont des extrêmes à éviter. La vie elle-même a sa part de hasard.

13. *Mauvais choix d'associés.* Il s'agit de l'une des causes d'échec les plus courantes en affaires. Dans la commercialisation des services personnels, vous devriez faire très attention de choisir un employeur qui sera une source d'inspiration et qui est intelligent et prospère. Nous imitons ceux avec qui nous nous associons le plus étroitement. Choisissez un employeur qui vaut la peine d'être imité.

14. *Superstition et préjugés.* La superstition est une forme de peur. Il s'agit également d'un signe d'ignorance. Les gens qui réussissent gardent l'esprit ouvert et n'ont peur de rien.

15. *Mauvais choix de vocation.* Personne ne peut réussir dans une voie qui ne lui plaît pas. L'étape la plus essentielle dans la commercialisation des services personnels est celle qui consiste à choisir une profession dans laquelle vous pouvez vous engager à cent pour cent.

16. *Manque de concentration de l'effort.* Le touche-à-tout est souvent bon à rien. Concentrez tous vos efforts sur *un objectif principal précis.*

17. *Habitude de dépenser à tout va.* La personne dépensière ne peut pas réussir, principalement parce qu'elle se tient éternellement dans la peur de la pauvreté. Prenez l'habitude d'épargner systématiquement un pourcentage précis de votre revenu. Avoir de l'argent à la banque vous permet d'avoir une très bonne base de courage lorsque vous négociez pour vendre des services personnels. Sans argent, vous devez prendre ce que l'on vous offre, et être heureux de l'obtenir.

18. *Manque d'enthousiasme.* Sans enthousiasme, vous ne pouvez pas être convaincant(e). De plus, l'enthousiasme est contagieux et la personne qui l'a, sous contrôle, est généralement la bienvenue dans n'importe quel groupe de personnes.

19. *Intolérance.* La personne avec un esprit fermé sur n'importe quel sujet réussit rarement. L'intolérance signifie que la personne a cessé d'acquérir des connaissances. Les formes d'intolérance les plus néfastes sont celles liées aux différences d'opinion religieuses, raciales et politiques.

20. *Intempérance.* Les formes les plus néfastes d'intempérance sont liées à l'alimentation, à l'alcool et aux activités sexuelles. Une consommation excessive de l'un ou plusieurs de ces éléments est fatale au succès.

21. *Incapacité à coopérer avec les autres.* Plus de gens perdent leur poste et passent à côté de grandes opportunités dans la vie en raison de leur incapacité à coopérer que pour toutes les autres raisons combinées. C'est un défaut qu'aucun homme d'affaires ou dirigeant bien informé ne tolérera.

22. *Possession d'un pouvoir qui n'a pas été acquis par l'effort* personnel (fils et filles de parents riches et autres personnes qui héritent d'une somme d'argent qu'ils n'ont pas gagnée). Accéder au pouvoir du jour au lendemain est souvent fatal au succès. Acquérir des richesses rapidement est plus dangereux qu'être pauvre.

23. *Malhonnêteté intentionnelle.* Rien ne peut remplacer l'honnêteté. Quelqu'un peut être temporairement malhonnête par la force de choses sur lesquelles il ou elle n'a aucun contrôle, sans provoquer de dommages permanents. Mais il n'y a aucun espoir pour la personne qui est malhonnête par choix. Tôt ou tard, les actes rattraperont cette personne, qui paiera le prix en perdant sa réputation, et peut-être même sa liberté.

24. *Égoïsme et vanité.* Ces deux qualités servent de feux rouges et avertissent les autres de se tenir à l'écart. Elles sont fatales au succès.

25. *Deviner au lieu de penser.* La plupart des gens sont trop indifférents ou paresseux pour acquérir la connaissance de faits qui leur permettront de penser de manière adéquate. Ils préfèrent agir sur les opinions créées par des conjectures ou des jugements à l'emporte-pièce.

26. *Manque de capital.* Il s'agit d'une cause commune d'échec chez ceux qui démarrent en affaires pour la première fois sans avoir de réserve suffisante de capital pour absorber le choc de leurs erreurs et pour les soutenir jusqu'à ce qu'ils aient établi une réputation.

Chapitre 8

LA PERSÉVÉRANCE : LA HUITIÈME ÉTAPE VERS LA RICHESSE

La persévérance : l'effort soutenu nécessaire pour induire la foi

La persévérance est un facteur essentiel dans la procédure de transmutation du *désir* en son équivalent monétaire. La base de la persévérance est la *force de la volonté.*

La volonté et le désir, lorsqu'ils sont bien combinés, forment une paire irrésistible. Les gens qui accumulent de grandes fortunes sont généralement connus pour leur froideur, voire leur impitoyabilité. Ils sont souvent incompris. Ce qu'ils ont, c'est de la volonté, à laquelle ils ajoutent de la persévérance, et qu'ils utilisent comme moteur pour leurs désirs de réaliser leurs objectifs.

Henry Ford était plutôt mal compris et pris pour une personne froide et sans pitié. Cette idée fausse est née de son habitude de suivre tous ses plans avec persévérance. La majorité des gens sont prêts à jeter leurs buts et leurs objectifs par-dessus bord et à abandonner au premier signe d'opposition ou de malchance. Quelques-uns continuent malgré les oppositions jusqu'à ce qu'ils atteignent leur objectif. Ces « quelques-uns » sont les Ford, Carnegie, Rockefeller et Edison, et beaucoup d'hommes et de femmes à succès modernes.

Il n'y a peut-être pas de connotation héroïque au mot « persévérance », mais cette qualité est pour le caractère de l'homme ce que le carbone est à l'acier. La construction d'une fortune implique généralement l'application de l'ensemble des treize facteurs de cette philosophie. Ces principes, ou étapes, doivent être compris. Ils doivent être appliqués avec persévérance par tous ceux qui souhaitent accumuler de l'argent.

Si vous suivez ce manuel avec l'intention d'appliquer les connaissances qu'il transmet, votre premier test de persévérance viendra lorsque vous commencerez à prendre des mesures avec les six étapes décrites dans le premier chapitre. À moins que vous ne soyez l'une des deux personnes sur cent qui visent déjà un *objectif précis* et suivent un *plan précis* pour le réaliser, il se peut que vous lisiez les instructions avant de vous remettre à vos activités quotidiennes, pour au final ne jamais vous conformer aux instructions.

Le manque de persévérance peut être vaincu. Cela dépend entièrement de l'intensité de votre désir.

À ce stade, l'auteur fait un contrôle, car le manque de persévérance est l'une des principales causes d'échec. En outre, l'expérience faite avec des milliers de personnes a prouvé que le manque de persévérance est une faiblesse commune à la majorité des gens. Il s'agit cependant d'une faiblesse qui peut être surmontée par l'effort. La facilité avec laquelle le manque de persévérance peut être surmonté dépend entièrement de l'intensité de votre désir.

Le point de départ de toute réussite est le désir. Gardez cela constamment à l'esprit. Les faibles désirs apportent des résultats faibles, tout comme une petite quantité de feu produit une petite quantité de chaleur. Si vous trouvez que vous manquez de persévérance, vous pouvez corriger cette faiblesse en renforçant vos désirs.

Poursuivez votre lecture jusqu'à la fin du manuel, puis revenez au chapitre 1 et commencez immédiatement à exécuter les instructions données dans le cadre des six étapes de la section Passez à l'action. L'empressement avec lequel vous suivrez ces instructions indiquera clairement à quel point vous désirez vraiment accumuler de l'argent. Si vous trouvez que vous y êtes indifférent(e), cela signifiera sûrement que vous n'avez pas encore acquis la « conscience de l'argent » que vous devez posséder avant de pouvoir être sûr(e) d'accumuler une fortune.

Les fortunes gravitent autour des personnes dont l'esprit a été préparé à les « attirer », tout aussi sûrement que l'eau gravite vers l'océan. Vous trouverez dans le livre *Réfléchissez et devenez riche* et dans ce manuel tous les stimuli nécessaires pour accorder n'importe quel esprit normal aux vibrations qui attireront l'objet de vos désirs.

Si vous trouvez que votre persévérance est fragile, canalisez votre attention sur les instructions contenues dans le chapitre suivant qui se concentre sur le pouvoir du Cerveau Collectif. Entourez-vous d'un groupe du Cerveau Collectif et, grâce aux efforts de coopération des membres de ce groupe, vous pourrez développer votre persévérance. Vous trouverez des instructions supplémentaires pour le développement de la persévérance dans les chapitres sur l'auto-suggestion (chapitre 3) et l'esprit subconscient (chapitre 11). Suivez les instructions décrites dans ces chapitres jusqu'à ce que la nature de vos habitudes remette à votre esprit subconscient une image claire de l'objet de votre désir. À partir de là, vous ne serez plus handicapé par le manque de persévérance.

Votre subconscient fonctionne continuellement : pendant que vous êtes éveillé(e) et pendant que vous dormez.

Les efforts irréguliers ou occasionnels que vous déployez pour appliquer les règles ne seront d'aucune valeur pour vous. Pour obtenir des résultats, vous devez appliquer toutes les règles jusqu'à ce que leur application devienne pour vous une habitude fixe. Il n'y a aucune autre façon pour vous de développer la conscience de l'argent nécessaire.

Sans persévérance, vous échouerez avant même d'avoir commencé. Avec persévérance, vous gagnerez.

La pauvreté est attirée par tous ceux dont l'esprit lui est favorable, de même que l'argent est attiré par tous ceux dont l'esprit a été délibérément préparé à l'attirer, et selon les mêmes lois. La conscience de la pauvreté saisira volontairement l'esprit qui n'est pas occupé par la conscience de l'argent. Une conscience de pauvreté se développe sans que l'on ait à appliquer consciemment des habitudes qui lui sont favorables. La conscience de l'argent doit être créée pour fonctionner, à moins que vous ne soyez né(e) avec une telle conscience.

Saisissez bien toute la signification des déclarations du paragraphe précédent, et vous comprendrez l'importance qu'a la persévérance pour accumuler une fortune. Sans persévérance, vous échouerez avant même d'avoir commencé. Avec persévérance, vous gagnerez.

Vous trouverez peut-être cela nécessaire de *sortir* de votre inertie mentale par le biais d'une procédure similaire, en allant lentement au début, puis en augmentant votre vitesse jusqu'à ce que vous ayez un contrôle total de votre volonté. Soyez persévérant(e), peu importe à quelle vitesse vous devrez aller, au début. Avec la persévérance vient le succès.

Avec la persévérance vient le succès.

Si vous sélectionnez votre groupe du Cerveau Collectif avec soin, celui-ci contiendra au moins une personne qui vous aidera à développer votre persévérance. Certaines des personnes qui ont accumulé de grandes fortunes l'ont fait par nécessité. Elles ont développé l'habitude d'être persévérant(e) car elles étaient si étroitement poussées par les circonstances qu'elles n'avaient pas d'autre choix.

Rien ne peut remplacer la persévérance ! Elle ne peut être supplantée par aucune autre qualité ! Souvenez-vous de cela pour vous donner du courage, au début, lorsque les choses risquent de sembler difficiles et lentes.

Ceux qui ont cultivé l'habitude d'être persévérant bénéficient d'une assurance contre l'échec. Peu importe combien de fois ils échouent, ils finissent par atteindre le sommet. Parfois, nous avons l'impression qu'il existe un « guide caché » dont le devoir est de tester les gens à travers toutes sortes d'expériences décourageantes. Ceux qui se relèvent après une défaite et continuent d'essayer réussissent et tout le monde crie « Bravo ! Je savais que tu pouvais le faire ! » Le guide caché ne permet à personne de profiter d'une grande réussite sans d'abord réussir le test de persévérance. Ceux qui ne peuvent pas réaliser le test ne réussissent simplement pas.

Ceux qui peuvent « le réaliser » sont généreusement récompensés pour leur persévérance. Ils reçoivent, à titre de compensation, l'objectif qu'ils poursuivent. Ce n'est pas tout ! Ils reçoivent quelque chose d'infiniment plus important que la compensation matérielle : la connaissance que « Chaque échec apporte avec lui la graine d'un avantage équivalent. »

POINTS RÉCAPITULATIFS IMPORTANTS

- La base de la persévérance est la force de volonté.
- La majorité des gens sont prêts à jeter leurs buts et leurs objectifs par-dessus bord et à abandonner au premier signe d'opposition ou de malchance.

- Il n'y a peut-être pas de connotation héroïque au mot « persévérance », mais cette qualité est pour le caractère de l'homme ce que le carbone est à l'acier.
- Le manque de persévérance est l'une des principales causes d'échec.
- Si vous trouvez que vous manquez de persévérance, vous pouvez corriger cette faiblesse en renforçant vos désirs.
- Sans persévérance, vous échouerez avant d'avoir commencé. Avec persévérance, vous gagnerez.
- Rien ne peut remplacer la persévérance.
- Celui qui cultive l'habitude d'être persévérant bénéficie d'une assurance contre l'échec.

PASSEZ À L'ACTION

Prenez des mesures pour développer l'habitude d'être persévérant en étudiant et en suivant ces quatre étapes simples. Vous n'avez pas besoin d'être particulièrement intelligent ou d'avoir un niveau d'éducation particulier, mais uniquement de temps et d'effort :

1. Un but précis soutenu par un désir ardent pour son accomplissement.

2. Un plan précis exprimé par une action continue.

3. Un esprit étroitement fermé contre toutes les influences négatives et décourageantes, y compris les suggestions négatives de la famille, des amis et des connaissances.

4. Une alliance amicale avec une ou plusieurs personnes qui vous encourageront à donner suite à votre plan et à votre but.

Chapitre 9

LE POUVOIR DU CERVEAU COLLECTIF : LA NEUVIÈME ÉTAPE VERS LA RICHESSE

La force directrice

Le Cerveau Collectif peut être défini comme : « La coordination des connaissances et des efforts, dans un esprit d'harmonie entre deux personnes ou plus, pour atteindre un but précis. »

Pour avoir un grand pouvoir, vous devez profiter du principe du Cerveau Collectif. Dans un chapitre précédent, des instructions ont été données pour créer des *plans* dans le but de traduire le *désir* en son équivalent monétaire. Si vous effectuez ces instructions avec *persévérance* et intelligence, et faites preuve de discernement dans le choix de votre groupe du Cerveau Collectif, votre objectif aura été atteint à moitié, avant même que vous ne vous en rendiez compte.

Afin que vous puissiez mieux comprendre les potentialités « intangibles » du pouvoir à votre disposition à travers un groupe du Cerveau Collectif bien choisi, nous expliquerons ici les deux caractéristiques du principe du Cerveau Collectif, l'une étant de nature *économique*, et l'autre *psychique*. La caractéristique économique est évidente. Les avantages économiques peuvent être créés par des personnes qui s'entourent des avis, des conseils et de la coopération personnelle d'un groupe disposé à leur prêter un soutien sans réserve, dans un esprit de *parfaite harmonie*. Cette forme d'alliance coopérative a été à la base de presque toutes les grandes fortunes. Votre compréhension de cette grande vérité peut certainement déterminer votre situation financière.

Deux caractéristiques du principe du Cerveau Collectif : *économique* et *psychique*.

La phase psychique du principe du Cerveau Collectif est beaucoup plus abstraite, beaucoup plus difficile à comprendre, parce qu'elle fait référence aux forces spirituelles avec lesquelles la société humaine, dans son ensemble, n'est pas familière. Vous saisirez peut-être une suggestion importante dans cette déclaration : « Deux esprits ne peuvent se réunir sans créer une troisième force invisible et intangible semblable à un troisième esprit. »

Gardez à l'esprit qu'il n'existe que deux éléments connus dans tout l'univers : l'énergie et la matière. Il est bien connu que la matière peut être décomposée en unités de molécules, d'atomes et d'électrons. Certaines unités de matière peuvent être isolées, séparées et analysées.

De même, il existe des unités d'énergie.

L'esprit humain est une forme d'énergie, une partie de celui-ci étant de nature spirituelle. Lorsque deux personnes coordonnent leurs esprits dans un *esprit d'harmonie*, les unités spirituelles d'énergie de chaque esprit forment une affinité, qui constitue la phase psychique du Cerveau Collectif.

Andrew Carnegie est celui qui a d'abord attiré mon attention sur le principe du Cerveau Collectif, ou plutôt la caractéristique économique de celui-ci. La découverte de ce principe a guidé le choix de l'œuvre de ma vie.

Le groupe du Cerveau Collectif de M. Carnegie était composé d'une cinquantaine d'hommes dont il s'était entouré dans le *but précis* de fabriquer et de commercialiser de l'acier. Il avait attribué toute sa fortune au *pouvoir* qu'il avait accumulé grâce à ce Cerveau Collectif.

Analysez les dossiers de tous ceux qui ont accumulé une grande fortune, et de certains qui ont accumulé des fortunes modestes, et vous constaterez qu'ils ont utilisé consciemment ou inconsciemment le principe du Cerveau Collectif.

Une grande puissance et un grand succès peuvent être accumulés avec le principe du Cerveau Collectif.

L'énergie est l'ensemble universel des composantes de la nature à partir duquel est construite chaque chose matérielle dans l'univers, y compris l'humanité et toutes les formes de vie animale et végétale. Grâce à un processus que seule la Nature comprend parfaitement, l'énergie se traduit en matière.

Les composantes de la Nature sont à la disposition de l'humanité sous forme d'énergie impliquée dans *la pensée !* Votre cerveau peut être comparé à une batterie électrique. Il absorbe l'énergie de l'éther, qui imprègne chaque atome de matière et remplit l'univers tout entier.

Il est bien connu qu'un groupe de piles électriques fournira plus d'énergie qu'une seule pile. Il est également bien connu qu'une pile à elle-seule fournira de l'énergie proportionnellement au nombre et à la capacité des cellules qu'elle contient.

Le cerveau fonctionne de la même manière. Cela explique le fait que certains cerveaux sont plus efficaces que d'autres, ce qui nous conduit à cette déclaration si importante : un groupe de cerveaux coordonnés (ou connectés) dans un esprit d'harmonie fournira plus d'énergie de pensée qu'un seul cerveau, tout comme un groupe de piles électriques fournira plus d'énergie qu'une seule pile.

À travers cette métaphore, il devient immédiatement évident que le principe du Cerveau Collectif détient le secret du *pouvoir* exercé par les gens qui s'entourent d'autres cerveaux.

Il s'ensuit, à présent, une autre déclaration qui mènera encore plus près de la compréhension de la phase psychique du principe du Cerveau Collectif : quand un groupe de cerveaux individuels est coordonné et fonctionne en harmonie, l'énergie accrue créée par cette alliance est mise à la disposition de chaque cerveau individuel dans le groupe.

Les gens adoptent la nature, les habitudes et le pouvoir de pensée de ceux avec qui ils s'associent dans un esprit de compassion et d'harmonie.

Henry Ford a surmonté la pauvreté, l'analphabétisme et l'ignorance en s'alliant avec de grands esprits, dont il absorbait les vibrations de pensées, dans son propre esprit. Son association avec Edison, Burbank, Burroughs et Firestone a permis à M. Ford d'ajouter à son propre pouvoir cérébral la somme et la substance de l'intelligence, de l'expérience, de la connaissance et des forces spirituelles de ces quatre hommes. De plus, il s'est approprié et a utilisé le principe du Cerveau Collectif par le biais des méthodes de procédure décrites dans ce manuel. *Ce principe est à votre disposition !*

POINTS RÉCAPITULATIFS IMPORTANTS

- « Deux esprits ne peuvent se réunir sans créer une troisième force invisible et intangible semblable à un troisième esprit. »
- Lorsque deux personnes coordonnent leurs esprits dans un esprit d'harmonie, l'énergie spirituelle de chaque esprit forme une affinité, qui constitue la phase psychique du Cerveau Collectif.
- Analysez les dossiers de tous ceux qui ont accumulé une grande fortune et vous constaterez qu'ils ont utilisé consciemment ou inconsciemment le principe du Cerveau Collectif.

- Un groupe de cerveaux coordonnés dans un esprit d'harmonie fournira plus d'énergie de pensée qu'un seul cerveau.
- Le principe du Cerveau Collectif détient le secret du pouvoir exercé par les gens qui s'entourent d'autres cerveaux.
- Les gens adoptent la nature, les habitudes et le pouvoir de pensée de ceux avec qui ils s'associent dans un esprit de compassion et d'harmonie.

PASSEZ À L'ACTION

Parce que le *pouvoir* est essentiel pour réussir à accumuler de l'argent, les *plans* sont inertes et inutiles sans *pouvoir* suffisant pour les traduire en *action.* Et parce *que le pouvoir* est défini comme une « connaissance organisée et intelligemment dirigée », il est important d'examiner les sources de connaissances, puis de mettre *ces connaissances en action :*

- *Intelligence infinie.* Cette source de connaissances est absorbée par la procédure décrite au chapitre 11, avec l'aide de l'imagination créatrice.
- *Expérience accumulée.* L'expérience accumulée d'une personne (ou la partie qui a été organisée et enregistrée) peut être trouvée dans n'importe quelle bibliothèque publique bien équipée et à partir de sources crédibles sur Internet. Une partie importante de cette expérience

accumulée est enseignée dans les écoles publiques et les universités, où elle a été classée et organisée.

- *Expérience et recherche.* Dans le domaine de la science, et dans pratiquement tous les autres domaines de la vie, les gens se rassemblent, classent et organisent quotidiennement de nouveaux faits. Il s'agit de la source vers laquelle se tourner lorsque les connaissances ne sont pas disponibles grâce à « l'expérience accumulée ». L'imagination créatrice doit également souvent être utilisée pour cela.

Les connaissances peuvent être acquises auprès de l'une ou l'autre de ces trois sources et converties en *pouvoir* en les organisant en *plans* précis et en exprimant ces plans en termes *d'action.*

L'examen de ces trois principales sources de connaissances révélera facilement la difficulté que vous pourriez avoir en dépendant uniquement de vos efforts pour rassembler des connaissances et les exprimer au moyen de plans d'action précis. Si vos plans sont complets, et s'ils envisagent d'importants éléments, vous devez inciter les autres à coopérer avant de pouvoir leur injecter l'élément de pouvoir nécessaire. Décrivez ci-dessous votre groupe du Cerveau Collectif idéal et la raison pour laquelle vous avez choisi chaque membre.

Chapitre 10

LE MYSTÈRE DU SEXE : LA DIXIÈME ÉTAPE VERS LA RICHESSE

Le mystère de la transmutation sexuelle

En termes simples, le mot « transmuter » signifie « le changement, ou le transfert d'un élément, ou d'une forme d'énergie, vers un autre ».

L'émotion du sexe donne lieu à un état d'esprit. En raison de l'ignorance, cet état d'esprit est généralement associé au physique, et en raison des influences inappropriées auxquelles la plupart des gens ont été soumis en acquérant des connaissances sur le sexe, les choses essentiellement physiques ont fortement influencé l'esprit. Ce chapitre se concentre sur les hommes, mais les femmes peuvent également en retirer beaucoup de connaissances et de perspicacité.

Derrière l'émotion du sexe se cachent trois potentialités constructives possibles :

1. La perpétuation de l'humanité.

2. Le maintien de la santé : en tant que pouvoir thérapeutique, rien ne l'égale.

3. La transformation de la médiocrité en génie par transmutation.

La transmutation sexuelle est simple et facile à expliquer. Elle correspond au passage de l'esprit des pensées d'expression physique aux pensées d'une autre nature.

Le désir sexuel est le plus puissant des désirs humains. Poussés par ce désir, les hommes, en particulier, développent un engouement pour l'imagination, le courage, la volonté, la persévérance et la capacité créatrice qui leur sont inconnus à d'autres moments. Le désir de contacts sexuels est si fort et motivant que les hommes mettent ouvertement leur vie et leur réputation en jeu pour pouvoir être satisfaits. Lorsqu'elle est exploitée et redirigée de manière différente, cette force motivante conserve tous ses attributs d'engouement pour l'imagination, le courage, etc., qui peuvent être utilisés comme puissantes forces créatrices dans la littérature, l'art, ou dans toute autre profession ou vocation, y compris, bien sûr, l'accumulation de richesses.

La transmutation de l'énergie sexuelle exige d'exercer sa volonté, pour sûr, mais la récompense en vaut la peine. Le désir d'expression sexuelle est inné et naturel. Il ne peut et ne doit être submergé ou éliminé. Toutefois, il faut lui donner un exutoire à travers des formes d'expression qui enrichissent le corps et l'esprit. Si aucun exutoire ne lui est offert, il en cherchera, par transmutation, à travers des canaux purement physiques.

Donnez à l'énergie sexuelle un exutoire à travers des expressions qui enrichissent le corps et l'esprit.

Une rivière peut être endiguée et son eau contrôlée pendant un certain temps, mais elle finira éventuellement par trouver un exutoire. Il en va de même pour l'émotion du sexe. Elle peut être submergée et contrôlée pendant un certain temps, mais sa nature même lui fait toujours chercher des moyens de s'exprimer. Si elle n'est pas transmutée en un effort créatif, elle trouvera un exutoire moins digne.

Chanceuse, en effet, est la personne qui a découvert comment donner à l'émotion sexuelle un exutoire à travers une certaine forme d'effort créatif car, par cette découverte, la personne a été élevée au statut de génie.

Des recherches scientifiques ont révélé les faits importants suivants :

1. Les hommes les plus accomplis sont des hommes de nature sexuelle fortement développée, des hommes qui ont appris l'art de la transmutation sexuelle.

2. Les hommes qui ont accumulé de grandes fortunes et obtenu une reconnaissance exceptionnelle dans la littérature, l'art, l'industrie, l'architecture et les professions, ont été motivés par l'influence d'une femme.

Les recherches à partir desquelles ont été faites ces découvertes étonnantes s'appuient sur plus de deux mille ans de biographie et d'histoire. Partout où il existait des preuves relatives à la vie des hommes et des femmes accompli(e)s, celles-ci indiquaient de la manière absolument convaincante que ces derniers possédaient une nature sexuelle très développée.

L'émotion du sexe est une « force irrésistible » contre laquelle une opposition telle qu'un « corps fixe » ne peut rien faire. Poussés par cette émotion, les hommes sont doués d'un super pouvoir d'action. Comprenez cette vérité, et vous saisirez la signification de la déclaration selon laquelle la transmutation sexuelle vous élèvera au statut de génie.

L'émotion du sexe contient le secret de la capacité créatrice.

Détruisez les glandes sexuelles, chez l'homme ou la bête, et vous aurez enlevé la principale source d'action. Pour preuve, observez ce qui arrive à n'importe quel animal après qu'il a été castré. Un taureau devient aussi docile qu'une vache après avoir été modifié sexuellement. L'altération sexuelle enlève au mâle, qu'il s'agisse d'un homme ou d'une bête, tout le combat qui était en lui. L'altération sexuelle de la femelle a le même effet.

Les dix stimuli de l'esprit

L'esprit humain répond aux stimuli, à travers lesquels il peut être « excité » à des taux élevés de vibration, connus sous le nom d'enthousiasme, imagination créatrice, désir intense, etc. Les stimuli auxquels l'esprit répond le plus librement sont :

1. Le désir d'expression sexuelle
2. L'amour
3. Un désir ardent de gloire, de pouvoir, ou de gain financier, d'argent
4. La musique
5. L'amitié
6. Une alliance du Cerveau Collectif basée sur l'harmonie de deux personnes ou plus qui s'allient pour un avancement spirituel ou temporel
7. Une souffrance mutuelle, telle que celle vécue par les personnes persécutées
8. L'auto-suggestion
9. La peur
10. Les narcotiques et l'alcool

Le désir d'expression sexuelle apparaît en tête de la liste des stimuli, qui « intensifient » le plus efficacement les vibrations de l'esprit et mettent en marche les « roues » de l'action physique. Huit de ces stimuli sont naturels et constructifs. Deux sont destructeurs.

La liste est présentée dans le but de vous permettre de faire une étude comparative des principales sources de stimulation mentale.

On peut facilement constater que l'émotion du sexe est, de loin, la plus intense et la plus puissante de tous les stimuli de l'esprit.

POINTS RÉCAPITULATIFS IMPORTANTS

- La transmutation sexuelle correspond au passage de l'esprit des pensées d'expression physique aux pensées d'une autre nature.
- Le désir sexuel est le désir humain le plus puissant.
- Poussés par le désir sexuel, les gens développent un empressement envers l'imagination, le courage, la volonté, la persévérance et la capacité créatrice qui leur sont inconnues à d'autres moments.
- La transmutation de l'énergie sexuelle exige d'exercer sa volonté, mais la récompense en vaut la peine.
- Le monde est gouverné par les émotions humaines.
- L'intempérance dans les habitudes sexuelles est tout aussi préjudiciable que l'intempérance dans les habitudes de boire de l'alcool et de manger.

PASSEZ À L'ACTION

Profitez-vous du pouvoir de l'énergie sexuelle en le transmutant de manière constructive ? Ce pouvoir peut être communiqué à d'autres personnes par :

1. *Une poignée de main.* Le toucher de la main indique instantanément la présence, ou l'absence, de magnétisme.

2. *Le ton de votre voix.* Le magnétisme, ou énergie sexuelle, est le facteur qui peut donner de la couleur à la voix, ou la rendre musicale et charmante.

3. *Votre posture et la façon dont vous vous tenez.* Les personnes très sexuelles se déplacent de manière vive et avec grâce et aisance.

4. *Vibrations de la pensée.* Les personnes très sexuelles mélangent l'émotion du sexe avec leurs pensées et influencent leur entourage.

5. *Ornement corporel.* Les personnes très sexuelles sont généralement très minutieuses au sujet de leur apparence personnelle. Elles choisissent habituellement un style vestimentaire qui convient à leur personnalité, physique, teint, etc.

6. *Lorsqu'ils emploient des vendeurs, les directeurs des ventes compétents vérifient en premier lieu la qualité du magnétisme personnel.* Les personnes qui manquent d'énergie sexuelle ne deviendront jamais enthousiastes et n'inspireront jamais les autres avec enthousiasme, et *l'enthousiasme est l'une des exigences les plus importantes dans l'art de vendre, peu importe ce que vous vendez.* Les meilleurs vendeurs atteignent le statut de « maître » parce qu'ils transmutent consciemment ou inconsciemment l'énergie du sexe dans l'enthousiasme des ventes !

Avez-vous acquis ce trait ? Notez quelques idées sur ce que la transmutation sexuelle signifie pour vous et comment vous pouvez l'appliquer dans votre vie.

Chapitre 11

L'ESPRIT SUBCONSCIENT : LA ONZIÈME ÉTAPE VERS LA RICHESSE

Le maillon connecteur

L'esprit subconscient se compose d'un champ de conscience dans lequel chaque impulsion de pensée qui atteint l'esprit objectif, à travers l'un des cinq sens, est classifiée et enregistrée. À partir de l'esprit subconscient, les pensées peuvent être rappelées ou retirées, comme le seraient des lettres dans un classeur à tiroirs.

L'esprit subconscient reçoit et dépose des impressions ou des pensées de sens, quelle que soit leur nature. Vous pouvez *volontairement* planter dans votre subconscient tout plan, pensée ou but que vous désirez traduire en son équivalent physique ou monétaire. Le subconscient agit d'abord sur les désirs dominants qui ont été mêlés à des émotions, comme la foi.

Prenez cela en relation avec les instructions données au chapitre 1 sur le désir pour réaliser les six étapes qui y sont décrites, et suivez les instructions données dans le chapitre sur l'élaboration de plans, et vous comprendrez l'importance de la pensée communiquée.

L'esprit subconscient travaille jour et nuit.

Par la méthode d'une procédure inconnue de l'humanité, l'esprit subconscient exploite les forces de l'Intelligence Infinie pour le pouvoir avec lequel il transmute volontairement les désirs de quelqu'un en leur équivalent physique, en utilisant toujours les moyens les plus pratiques pour arriver à ses fins.

Vous ne pouvez pas contrôler entièrement votre subconscient, mais vous pouvez lui remettre volontairement tout plan, désir ou but que vous souhaitez concrétiser. Relisez les instructions sur l'utilisation de l'esprit subconscient dans le chapitre 3 sur l'auto-suggestion.

Beaucoup de preuves appuient la croyance que l'esprit subconscient est le maillon connecteur entre l'esprit fini de l'homme et l'Intelligence Infinie. Il s'agit de l'intermédiaire par lequel nous pouvons exploiter à volonté les forces de l'Intelligence Infinie. Il maîtrise, à lui seul, le processus secret par lequel les impulsions mentales sont modifiées et transformées en leur équivalent spirituel. Il représente, à lui seul, le moyen par lequel la prière peut être transmise à la Source capable d'y répondre.

Les possibilités d'effort créatif liées à l'esprit subconscient sont prodigieuses et impondérables. Elles nous inspirent de manière impressionnante.

Je n'aborde jamais la question de l'esprit subconscient sans un sentiment de petitesse et d'infériorité dû, peut-être, au fait que notre stock entier de connaissances sur ce sujet est pitoyablement limité. Le fait même que l'esprit subconscient est le moyen de communication entre l'esprit pensant des humains et l'Intelligence Infinie est, en soi, une pensée qui paralyse presque la raison d'une personne.

Après avoir accepté comme réalité l'existence de l'esprit subconscient et compris ses possibilités en tant que moyen de transmutation de vos désirs en leur équivalent physique ou monétaire, vous comprendrez toute la signification des instructions données dans le chapitre 1 sur le désir. Vous comprendrez également pourquoi vous avez été averti(e) à plusieurs reprises *de clarifier vos désirs et de les résumer par écrit*. Vous comprendrez également la nécessité d'être *persévérant(e)* lorsque vous réalisez ces instructions.

Les treize principes, ou étapes, sont les stimuli avec lesquels vous acquérez la capacité d'atteindre et d'influencer votre esprit subconscient. Ne soyez pas découragé(e) si vous n'y arrivez pas dès la première tentative. Rappelez-vous que l'esprit subconscient ne peut être dirigé volontairement que par l'habitude, en suivant les directives données dans le chapitre 2 sur la foi. Vous n'avez pas encore eu le temps de maîtriser la foi. Soyez patient(e). Soyez persévérant(e).

Ne soyez pas découragé(e). Soyez patient(e). Soyez persévérant(e).

Un bon nombre des déclarations dans les chapitres sur la foi et l'auto-suggestion seront répétées ici, pour le bénéfice de votre subconscient. Rappelez-vous, votre subconscient fonctionne volontairement, que vous tentiez de l'influencer ou non. Cela indique naturellement que les pensées de peur et de pauvreté et toutes les pensées négatives servent de stimuli à votre esprit subconscient, à moins que vous maîtrisiez ces impulsions et leur donniez une nourriture plus désirable avec laquelle se nourrir.

L'esprit subconscient ne restera pas inactif ! *Si vous ne parvenez pas à planter des désirs* dans votre subconscient, celui-ci se nourrira des pensées à sa portée du fait de votre négligence. Nous avons déjà expliqué que les impulsions de pensée, à la fois négatives et positives, atteignent l'esprit subconscient en permanence à partir des quatre sources mentionnées dans le chapitre sur la transmutation sexuelle.

Pour le moment, il suffit de se rappeler que vous vivez quotidiennement au milieu de toutes sortes d'impulsions de pensée qui atteignent votre subconscient, à votre insu. Certaines de ces impulsions sont négatives, d'autres positives. Vous êtes maintenant engagé(e) dans une tentative d'arrêter le flux d'impulsions négatives et d'influencer délibérément votre subconscient par des impulsions positives de désir constructif et délibéré.

Lorsque vous y parviendrez, vous posséderez la clé qui ouvre la porte à votre subconscient. En outre, vous aurez un tel contrôle sur cette porte qu'aucune pensée indésirable n'influencera votre esprit subconscient.

Contrôlez votre esprit afin qu'aucune pensée indésirable n'entre dans votre esprit subconscient.

L'esprit subconscient est plus sensible à l'influence des impulsions de pensée mêlées à des « sentiments » ou des émotions qu'à celles qui proviennent uniquement de la partie raisonnante de l'esprit. En réalité, beaucoup de preuves appuient la théorie que *seules* les pensées émotionnalisées ont une *influence d'action* sur l'esprit subconscient. Il est bien connu que les émotions, ou les sentiments, dirigent la majorité des gens.

S'il est vrai que l'esprit subconscient réagit plus rapidement aux impulsions de pensée qui ont bien été mêlées aux émotions, et qu'il est influencé plus facilement par ces impulsions, il est essentiel de se familiariser avec les émotions les plus importantes. Il y a sept émotions positives majeures, et sept émotions négatives majeures. Les émotions négatives s'injectent volontairement dans les impulsions de pensée, qui assurent le passage dans l'esprit subconscient. Les points positifs doivent être injectés, par le principe de l'auto-suggestion, dans les impulsions de pensée que nous voulons transmettre à notre esprit subconscient. (Des instructions ont été données au chapitre 3 sur l'auto-suggestion.)

Ces émotions, ou impulsions de sentiments, peuvent être comparées à la levure dans une miche de pain, parce qu'elles constituent l'élément *d'action*, qui transforme les impulsions de pensée du passif à l'état actif. Ainsi, nous comprenons pourquoi les impulsions de pensée qui ont été bien mêlées aux émotions, prennent effet plus facilement que les impulsions de pensée provenant du « raisonnement froid ».

Vous vous préparez à influencer et à contrôler le « public intérieur » de votre esprit subconscient afin de lui remettre le désir de succès, que vous souhaitez transmuter en son équivalent monétaire. Il est donc essentiel que vous compreniez la méthode d'approche de ce « public intérieur ». Vous devez parler sa langue, ou il ne saura pas tenir compte de votre appel. Il comprend mieux le langage des émotions ou des sentiments.

Examinons les sept émotions positives majeures et les sept émotions négatives majeures, afin que vous puissiez tirer parti des points positifs et éviter les points négatifs lorsque vous donnez des instructions à votre esprit subconscient.

Les sept émotions positives majeures

1. Le désir
2. La foi
3. L'amour
4. Le sexe
5. L'enthousiasme
6. La romance
7. L'espoir

Il existe d'autres émotions positives, mais celles-là sont les sept plus puissantes et les plus couramment utilisés dans l'effort créatif. Maîtrisez ces sept émotions (elles ne peuvent être maîtrisées qu'à force *d'utilisation*), et les autres émotions positives seront à votre disposition lorsque vous en aurez besoin. Vous étudiez un livre destiné à vous aider à développer une « conscience de l'argent » en remplissant votre esprit avec des émotions positives. Vous ne prendrez pas conscience de l'argent en remplissant votre esprit avec des émotions négatives.

Les sept émotions négatives majeures à éviter

1. La peur
2. La jalousie
3. La haine
4. La vengeance
5. La cupidité
6. La superstition
7. La colère

Les émotions positives et négatives ne peuvent pas occuper l'esprit en même temps. L'une ou l'autre doit dominer. Il est de votre responsabilité de vous assurer que les émotions positives constituent l'influence dominante de votre esprit. Ici, la loi de *l'habitude* viendra à votre secours. **Prenez l'habitude d'appliquer et d'utiliser des émotions positives !** Elles finiront par dominer votre esprit de manière si complète que les émotions négatives ne pourront pas entrer.

Ce n'est qu'en suivant littéralement et continuellement ce processus que vous pourrez prendre le contrôle de votre esprit subconscient.

La présence d'une seule émotion négative dans votre esprit conscient suffit à détruire toutes les chances d'aide constructive de votre esprit subconscient.

POINTS RÉCAPITULATIFS IMPORTANTS

- Vous ne pouvez pas contrôler entièrement votre subconscient, mais vous pouvez lui remettre volontairement tout plan, désir ou but que vous souhaitez concrétiser.
- Les possibilités d'effort créatif liées à l'esprit subconscient sont prodigieuses.
- Ne soyez pas découragé(e) si vous ne pouvez contrôler votre subconscient la première fois que vous essayez. Il ne peut être dirigé que par l'habitude.
- Rappelez-vous, votre subconscient fonctionne volontairement, que vous tentiez de l'influencer ou non.
- Les pensées négatives servent de stimuli à votre esprit subconscient, à moins que vous maîtrisiez ces impulsions et leur donniez une nourriture plus désirable.

PASSEZ À L'ACTION

Les attributs suivants sont des attributs essentiels et majeurs en leadership. Sélectionnez sept de ces attributs et décidez d'en faire une habitude quotidienne, une partie de votre état d'esprit et de votre mode de vie.

- ☐ *Un courage* inébranlable basé sur la connaissance de soi et de sa profession. Aucun adepte ne veut être dominé par un leader qui manque de confiance en soi et de courage. Aucun partisan intelligent ne sera dominé par un tel leader très longtemps.

- ☐ *La maîtrise de soi.* Les gens qui ne peuvent pas se contrôler ne peuvent jamais contrôler les autres. La maîtrise de soi donne l'exemple à vos partisans, et les plus intelligents imiteront ce trait.

- ☐ *Un sens aigu de la justice.* Sans un sentiment d'équité et de justice, aucun chef ne peut commander ses partisans et conserver leur respect.

- ☐ *La précision de la décision.* Ceux qui hésitent lorsqu'ils prennent des décisions montrent qu'ils ne sont pas sûrs d'eux-mêmes. Ils ne peuvent pas diriger les autres avec succès.

- ☐ *La précision des plans.* Les meilleurs dirigeants doivent planifier leur travail et travailler leur plan. Les dirigeants qui avancent à l'aveugle, sans plans pratiques et précis, sont comparables à un navire sans gouvernail. Tôt ou tard, ils finiront par toucher le fond.

- ☐ *L'habitude de faire plus que ce pourquoi vous êtes payé(e).* L'une des sanctions du leadership est qu'il est nécessaire de vouloir faire plus, en tant que leader, que ce qui est exigé des partisans.

- [ ] *Une personnalité agréable.* Aucune personne négligée et irréfléchie ne peut devenir un leader prospère. Le leadership exige du respect. Les partisans ne respecteront pas un leader dont la personnalité n'est pas jugée comme agréable à tous les niveaux.

- [ ] *Compassion et compréhension.* Le leader accompli doit montrer de la compassion à ses partisans. De plus, les bons leaders doivent les comprendre, eux et leurs problèmes.

- [ ] *La maîtrise des détails.* Un leadership réussi exige la maîtrise des détails qui incombent au poste de leader.

- [ ] *La volonté d'assumer l'entière responsabilité.* Le leader accompli doit être prêt à assumer la responsabilité des erreurs et des lacunes des partisans. Si un leader tente de transférer cette responsabilité, il ne restera pas le leader. Si l'un des partisans commet une erreur et se montre incompétent, le leader doit l'accepter comme un échec de sa part pour avoir embauché une telle personne.

- [ ] *La coopération.* Le leader accompli doit comprendre et appliquer le principe de l'effort coopératif et être en mesure d'inciter les partisans à faire de même. *Le leadership exige du pouvoir, et le pouvoir exige de la coopération.*

Chapitre 12

LE CERVEAU :
LA DOUZIÈME ÉTAPE VERS LA RICHESSE

Le cerveau : une station de radiodiffusion et de réception pour la pensée

En travaillant avec feu le Dr Alexander Graham Bell et le Dr Elmer R. Gates, j'ai observé que chaque cerveau humain est à la fois une station de radiodiffusion et de réception pour la vibration de la pensée.

Par le biais de l'éther, d'une manière similaire à celle employée par le principe de radiodiffusion, chaque cerveau humain est capable de capter les vibrations de la pensée qui sont libérées par d'autres cerveaux.

En ce qui concerne la déclaration du paragraphe précédent, comparez et considérez la description de l'imagination créatrice, telle que décrite dans le chapitre 5 sur l'imagination. L'imagination créatrice est « l'ensemble de réception » du cerveau qui reçoit des pensées libérées par le cerveau des autres. Il s'agit du pouvoir de communication entre notre esprit conscient, ou raisonnant, et les quatre sources à partir desquelles nous pouvons recevoir des stimuli de pensée.

Lorsqu'il est stimulé, ou « intensifié » à un taux élevé de vibration, l'esprit devient plus réceptif à la vibration de la pensée qui l'atteint par l'éther à partir de sources extérieures. Ce processus d'intensification se fait par des émotions positives ou négatives. Par le biais des émotions, les vibrations de la pensée peuvent être augmentées.

Les vibrations d'un taux extrêmement élevé sont les seules vibrations captées et portées par l'éther d'un cerveau à l'autre. La pensée est l'énergie voyageant à un taux extrêmement élevé de vibration. La pensée, qui a été modifiée ou « intensifiée » par l'une des émotions majeures, vibre à un rythme beaucoup plus élevé que la pensée ordinaire, et c'est ce type de pensée qui passe d'un cerveau à l'autre, à travers les mécanismes de radiodiffusion du cerveau humain.

La pensée est l'énergie voyageant à un taux extrêmement élevé de vibration.

L'émotion du sexe est en tête de liste des émotions humaines en matière d'intensité et de force motrice. Le cerveau stimulé par l'émotion du sexe vibre à un rythme beaucoup plus rapide qu'il ne le fait lorsque cette émotion est calme ou absente.

Le résultat de la transmutation sexuelle est l'augmentation du taux de vibration des pensées à un tel point que l'imagination créatrice devient très réceptive aux idées, qu'elle capte dans l'éther. D'autre part, lorsque le cerveau vibre à un rythme rapide, il attire non seulement les pensées et les idées libérées par d'autres cerveaux par le biais de l'éther, mais il donne à nos propres pensées ce « sentiment » qui est essentiel avant que ces pensées ne soient reprises et appliquées par notre esprit subconscient.

Ainsi, vous verrez que le principe de radiodiffusion est le facteur par lequel vous mêlez les sentiments, ou les émotions, à vos pensées et les transmettez à votre esprit subconscient.

L'esprit subconscient est la « station d'émission » du cerveau, à travers laquelle les vibrations de la pensée sont diffusées. L'imagination créatrice est « l'ensemble de réception » à travers lequel les vibrations de la pensée sont captées à partir de l'éther.

Parallèlement aux facteurs importants de l'esprit subconscient et la faculté de l'imagination créatrice, qui constituent les ensembles d'émission et de réception de votre appareil de radiodiffusion mentale, considérez maintenant le principe de l'auto-suggestion, qui est le moyen par lequel vous pouvez mettre en service votre station de « radiodiffusion ».

Grâce aux instructions décrites au chapitre 3 sur l'auto-suggestion, vous avez clairement été informé(e) de la méthode par laquelle le désir peut être transmuté en son équivalent monétaire.

Le fonctionnement de votre station mentale de « radiodiffusion » est une procédure relativement simple. Vous avez trois principes à garder à l'esprit et à appliquer lorsque vous souhaitez utiliser votre station de radiodiffusion : 1) l'esprit subconscient ; 2) l'imagination créatrice ; et 3) l'auto-suggestion. Les stimuli par lesquels vous mettez ces trois principes en action ont été décrits : la procédure commence par le désir.

Si vous comprenez le principe décrit dans le chapitre 9 sur le Cerveau Collectif, vous reconnaissez bien sûr la procédure de table ronde décrite ici comme étant une application pratique du Cerveau Collectif.

Cette méthode de stimulation mentale, par le biais d'une discussion harmonieuse sur des sujets précis entre trois personnes, illustre l'utilisation la plus simple et la plus pratique du Cerveau Collectif.

En adoptant et en suivant un plan similaire, tout étudiant de cette philosophie peut entrer en possession de la célèbre formule Carnegie brièvement décrite dans les chapitres précédents.

POINTS RÉCAPITULATIFS IMPORTANTS

- Chaque cerveau humain est à la fois une station de radiodiffusion et de réception pour la vibration de la pensée.
- L'imagination créatrice est « l'ensemble de réception » du cerveau qui reçoit des pensées libérées par le cerveau des autres.
- Par le biais des émotions, les vibrations de la pensée peuvent être augmentées.
- Le cerveau qui a été stimulé par l'émotion du sexe vibre à un rythme beaucoup plus rapide qu'il ne le fait lorsque cette émotion est inactive ou absente.

- Le principe de radiodiffusion est le facteur par lequel vous mêlez les sentiments, ou les émotions, à vos pensées et les transmettez à votre esprit subconscient.

PASSEZ À L'ACTION

Ce qui suit est une auto-analyse conçue pour vous aider à examiner les aspects de vous-même que vous considérez peut-être comme acquis ou que vous n'avez jamais vraiment, auparavant, considéré comme étant importants pour qui vous êtes vraiment, où vous voulez vraiment aller, et ce que vous voulez vraiment accomplir dans la vie. Réfléchissez sérieusement à chaque question, répondez-y et agissez dès que possible.

1. Ai-je *atteint l'objectif* que je me suis fixé pour cette année ? (Vous devez travailler avec un objectif annuel précis à atteindre dans le cadre de votre objectif de vie majeur.) Notez votre objectif annuel et décrivez les détails de votre succès ou de votre échec dans l'atteinte de cet objectif.

2. Ai-je fourni un service ou des produits de la meilleure *qualité* possible, ou aurais-je pu l'améliorer de quelque manière que ce soit ? Notez les preuves de votre succès ou de votre échec dans ce domaine et, enfin, les façons dont vous pouvez améliorer la qualité du service.

3. Ai-je fourni le service dans la plus grande *quantité* possible dont j'étais capable ? Notez deux façons d'améliorer la quantité de vos produits ou services.

4. *L'esprit de ma conduite* a-t-il toujours été harmonieux et coopératif ? Donnez un exemple de succès dans ce domaine et un exemple d'échec. Notez deux façons d'améliorer le travail d'équipe au sein de votre entreprise.

5. Ai-je permis à l'habitude de la *procrastination* de diminuer mon efficacité ? Si oui, dans quelle mesure ? Décrivez une méthode de réduction de la procrastination tout en améliorant l'efficacité.

6. Ai-je amélioré ma *personnalité ?* Si oui, de quelle façon ? Quelle partie de votre personnalité doit encore être améliorée et pourquoi ?

7. Ai-je été *persévérant(e)* dans le suivi de mes plans jusqu'à leur achèvement ? Quels sont deux exemples de votre persévérance face aux difficultés ou aux obstacles ?

8. Ai-je pris des décisions *de manière rapide et précise* en toutes occasions ? Donnez un exemple d'un moment où vous avez pris une décision rapidement et où cela a eu une incidence positive sur votre entreprise ou votre travail.

9. Ai-je permis à une ou plusieurs des six *peurs* fondamentales (discutées au chapitre 14) de diminuer mon efficacité ? Qu'allez-vous faire pour affronter cette peur à l'avenir ?

10. Ai-je été soit « trop prudent(e) », ou « pas assez-prudent(e) » ? Donnez un exemple de chaque scénario dans votre travail et écrivez votre idée de ce que vous allez faire la prochaine fois.

11. Ma *relation* avec mes associés a-t-elle été agréable ou désagréable ? Si désagréable, était-ce en partie ou entièrement de ma faute ? Réfléchissez à vos relations de travail et notez les détails d'une relation clé qui doit être améliorée.

12. Ai-je dissipé une partie de mon énergie par manque de *concentration* de mon effort ? Notez votre évaluation de votre capacité à vous concentrer.

13. Ai-je été *ouvert(e) d'esprit et tolérant(e)* sur tous les sujets ? Quel sujet vous fait faire la sourde oreille ou ferme votre esprit aux possibilités ?

14. En quoi ai-je *amélioré* ma capacité à rendre service ? Notez un domaine d'amélioration clé au sein de votre entreprise ou de votre espace de travail.

15. Ai-je été *intempérant(e)* à l'égard de mes habitudes ? Notez quelques mauvaises habitudes que vous essayez de surmonter. Par quoi les remplacerez-vous ?

16. Ai-je exprimé, ouvertement ou secrètement, toute forme *d'égoïsme ?* Notez deux façons par lesquelles un sentiment exagéré de suffisance peut nuire à votre entreprise ou à votre travail.

17. Ma *conduite* envers mes associés les a-t-elle amenés à me *respecter* ? Notez deux raisons pour lesquelles vous estimez que vos associés vous respectent. Quelle partie de votre conduite pourrait causer un manque de respect ?

18. Mes opinions et *décisions* ont-elles été basées sur des conjectures, ou l'exactitude d'une analyse et de la *pensée ?* Notez un exemple de processus de décision qui a donné des résultats positifs. Comment pouvez-vous reproduire cela ?

19. Ai-je pris *l'habitude de budgétiser* mon temps, mes dépenses et mes revenus, et ai-je été prudent(e) avec ces budgets ? Gérez-vous mieux votre temps que vos finances ? Le contraire ? Que pouvez-vous faire pour améliorer la gestion de ces deux domaines clés de votre vie ?

20. Combien de temps ai-je consacré à des efforts *non rentables* que j'aurais pu mieux exploiter ? Notez deux efforts ou affaires que vous voyez maintenant comme du temps perdu. Que ferez-vous différemment la prochaine fois ?

21. Comment puis-je *re-budgétiser* mon temps et changer mes habitudes afin d'être plus efficace au cours de l'année à venir ? Notez une habitude que vous considérez comme une perte de temps dans votre vie que vous pouvez surmonter. Comment allez-vous surmonter cela ?

22. Ai-je été coupable d'une *conduite* qui n'a pas été approuvée par ma conscience ? Y a-t-il quelque chose qui vous dérange dans votre manière de vivre ? Qu'allez-vous faire pour changer cela ?

23. De quelle façon ai-je rendu *des services plus nombreux et de meilleure qualité* que ce pour quoi j'ai été payé(e) ? Notez deux exemples où vous vous êtes surpassé(e).

24. Ai-je été *injuste* envers qui que ce soit ? Si oui, de quelle façon ? Notez les détails de la situation et ce que vous pouvez faire/avez fait pour la corriger.

25. Si j'avais été l'acheteur de mes propres services pour l'année, serais-je *satisfait(e)* de mon achat ? Rédigez un avis de votre produit ou service comme si vous étiez un client payant.

26. Ai-je choisi la bonne carrière ? Si non, pourquoi ? Si vous avez choisi la bonne carrière, notez les détails de ce qui vous fait penser cela.

27. L'acheteur de mes services a-t-il été satisfait du service que j'ai rendu. Si non, pourquoi ? Notez une plainte et un compliment reçus relatifs à votre service ou produit.

Chapitre 13

LE SIXIÈME SENS : LA TREIZIÈME ÉTAPE VERS LA RICHESSE

Le sixième sens : la porte du temple de la sagesse

Le treizième principe est connu sous le nom de sixième sens, par lequel l'Intelligence Infinie peut communiquer et communiquera volontairement, sans aucun effort ou aucune demande de la part de l'individu. Ce principe est l'apogée de la philosophie. Il ne peut être assimilé, compris et appliqué *une fois seulement* que les douze autres principes ont été maîtrisés.

Le sixième sens est cette partie de l'esprit subconscient que l'on appelle l'imagination créatrice. Il a également été appelé « l'ensemble de réception » à travers lequel les idées, les plans et les pensées apparaissent dans l'esprit. Les « flashes » sont parfois appelés « intuitions » ou « inspirations ».

Le sixième sens défie l'entendement ! Il ne peut pas être décrit à une personne qui n'a pas maîtrisé les autres principes de cette philosophie, parce qu'une telle personne n'a aucune connaissance et aucune expérience avec laquelle comparer le sixième sens. Le sixième sens ne se comprend qu'en méditant pour développer son esprit de l'intérieur.

Le sixième sens est probablement le moyen de contact entre l'esprit fini des humains et l'Intelligence Infinie, et pour cette raison, il s'agit d'un mélange à la fois du mental et du spirituel. On estime qu'il s'agit du moment où les esprits des humains contactent l'Esprit Universel.

Grâce au sixième sens, vous serez averti(e) des dangers à temps pour les éviter et informé(e) des possibilités à temps pour les saisir.

Après avoir maîtrisé les principes décrits dans ce manuel *Réfléchissez et devenez riche*, vous serez prêt(e) à accepter comme vérité une déclaration qui pourrait autrement vous sembler incroyable, à savoir : grâce au sixième sens, vous serez averti(e) des dangers imminents à temps pour les éviter et informé(e) des possibilités à temps pour les saisir.

À mesure que vous développez le sixième sens, un « ange gardien » vient à votre secours et obéit à vos ordres en vous ouvrant en tout temps la porte du « Temple de la Sagesse ».

Qu'il s'agisse ou non d'une parole de vérité, vous ne le saurez jamais, sauf si vous suivez les instructions décrites dans les pages de ce manuel, ou une méthode de procédure similaire.

L'auteur n'est ni un croyant, ni un défenseur des « miracles », puisqu'il a suffisamment de connaissance de la Nature pour comprendre que celle-ci ne s'écarte jamais de ses lois établies. Certaines de ses lois sont si incompréhensibles qu'elles produisent ce qui semble être des « miracles ». Le sixième sens est ce qu'il y a de plus proche du miracle parmi tout ce que je n'ai jamais connu, et cela uniquement parce que je ne comprends pas la méthode par laquelle ce principe est exploité.

Ce que l'auteur sait, c'est qu'il y a un pouvoir, une Première Cause, ou une Intelligence qui imprègne chaque atome de matière et accueille chaque unité d'énergie perceptible par l'humanité, que cette Intelligence Infinie convertit les glands en chênes, fait couler l'eau en aval en réponse à la loi de la gravité, fait s'enchaîner les jours et les nuits, les hivers et les étés, chaque élément conservant sa place et sa relation par rapport à l'autre. Cette Intelligence peut, à travers les principes de cette philosophie, être provoquée pour aider à transmuter les désirs en une forme concrète ou matérielle. L'auteur possède cette connaissance parce qu'il en a fait l'expérience et qu'il *l'a vécue.*

Étape par étape, à travers les chapitres précédents, vous avez été mené(e) jusqu'à ce dernier principe. Si vous maîtrisez chacun des principes précédents, vous êtes maintenant prêt(e) à accepter, sans être sceptique, les revendications prodigieuses prétendues ici. Si vous n'avez pas maîtrisé les autres principes, vous devez le faire avant de pouvoir déterminer si les revendications faites dans ce chapitre sont des faits ou de la fiction.

Le sixième sens n'est pas quelque chose que vous pouvez prendre et mettre de côté à volonté. La capacité d'utiliser cette grande puissance vient lentement, en appliquant les autres principes décrits dans ce manuel. Il est rare qu'une personne acquière la connaissance du sixième sens au point de pouvoir l'utiliser avant l'âge de quarante ans. Le plus souvent, cette connaissance est accessible bien après l'âge de cinquante ans, et cela est dû au fait que les forces spirituelles avec lesquelles le sixième sens est si étroitement lié mûrissent et deviennent utilisables uniquement après plusieurs années de méditation, d'auto-évaluation et de réflexion sérieuse.

Le chapitre sur le sixième sens a été inclus car le livre *Réfléchissez et devenez riche* est conçu dans le but de présenter une philosophie complète grâce à laquelle les individus peuvent être leur propre guide, de manière infaillible, afin d'obtenir tout ce qu'ils demandent de la vie. Le point de départ de toute réussite est le désir. Le point final est le type de connaissance qui conduit à la compréhension de soi, des autres et des lois de la Nature, à la reconnaissance et à la compréhension du bonheur.

POINTS RÉCAPITULATIFS IMPORTANTS

- Le sixième sens est la partie de l'esprit subconscient que l'on appelle l'imagination créatrice.
- Le sixième sens ne se comprend qu'en méditant pour développer son esprit de l'intérieur.
- Le sixième sens est un mélange à la fois du mental et du spirituel.

- Le sixième sens n'est pas quelque chose que vous pouvez prendre et mettre de côté à volonté. La capacité d'utiliser cette grande puissance vient lentement, en appliquant les douze autres principes ou étapes.

PASSEZ À L'ACTION

Ce qui suit est une liste complète de plus de cinquante questions qui permettent d'étudier en profondeur ce qu'il se passe dans votre esprit. Planifiez une journée complète de réflexion silencieuse solitaire pour répondre à toutes les questions de manières totale et intégrale. Une fois terminé, vous aurez une vision intégrale de votre âme et cela vous aidera à atteindre votre objectif de *réfléchir et devenir riche* dans tous les aspects de votre vie.

1. Vous plaignez-vous souvent de « vous sentir mal » ? Si oui, quelle en est la cause ? Comment faites-vous en sorte de vous sentir mieux ?

2. Trouvez-vous des reproches à faire aux autres à la moindre provocation ? Que pouvez-vous faire pour changer cette impulsion ?

3. Faites-vous souvent des erreurs dans votre travail ? Si oui, pourquoi ?

4. Votre manière de communiquer est-elle sarcastique et offensante ?

5. Évitez-vous délibérément de vous associer à qui que ce soit ? Si oui, pourquoi ?

6. La vie semble-t-elle futile et l'avenir sans espoir ? Si oui, pourquoi ?

7. Aimez-vous votre métier ? Si non, pourquoi ?

8. Vous apitoyez-vous souvent sur vous-même ? Si oui, pourquoi ?

9. Êtes-vous jaloux(-se) de ceux qui vous surpassent ?

10. À quoi consacrez-vous le plus de temps à penser : succès ou échec ?

11. Gagnez-vous ou perdez-vous confiance en vous à mesure que vous vieillissez ?

12. Retirez-vous de la valeur de toutes vos erreurs ?

13. Permettez-vous à un parent ou à une connaissance de vous inquiéter ? Si oui, pourquoi ?

14. Êtes-vous parfois « dans les nuages » et à d'autres moments dans les « affres du désespoir » ?

15. Qui a l'influence la plus inspirante sur vous ?

16. Quelle est la cause de cette inspiration ?

17. Tolérez-vous des influences négatives ou décourageantes que vous pouvez éviter ?

18. Êtes-vous négligent avec votre apparence personnelle ? Si oui, quand et pourquoi ?

19. Avez-vous appris à « noyer vos soucis » en vous occupant assez pour ne pas être ennuyé(e) par eux ?

20. Avez-vous déjà laissé les autres penser à votre place ?

21. Négligez-vous le renouvellement interne jusqu'à ce que l'auto-intoxication vous rende de mauvaise humeur et irritable ?

22. Quelle quantité de perturbations évitables vous agacent ? Pourquoi les tolérez-vous ?

23. Avez-vous recours à l'alcool, aux stupéfiants ou aux cigarettes pour « calmer vos nerfs » ? Si oui, pourquoi ne pas plutôt essayer la force de volonté ?

24. Est-ce que quelqu'un vous critique constamment ? Si oui, pour quelle raison ?

25. Avez-vous un but principal précis ? Si oui, quel est ce but, et quel plan allez-vous suivre pour le réaliser ?

26. Souffrez-vous de l'une des six peurs fondamentales (dont il est question au chapitre 14) ? Si oui, lesquelles ?

27. Avez-vous une méthode pour vous protéger de l'influence négative des autres ?

28. Utilisez-vous délibérément l'auto-suggestion pour assurer un état d'esprit positif ?

29. Qu'appréciez-vous le plus : vos biens matériels ou le privilège de contrôler vos pensées ?

30. Êtes-vous facilement influencé(e) par les autres, contre votre propre jugement ?

31. A-t-on aujourd'hui ajouté quelque chose de valeur à votre stock de connaissances ou état d'esprit ?

32. Confrontez-vous directement les circonstances qui vous rendent malheureux(-se), ou évitez-vous la responsabilité ?

33. Analysez-vous toutes les erreurs et tous les échecs et essayez-vous d'en tirer profit, ou pensez-vous que ce n'est pas votre devoir ?

34. Nommez trois de vos faiblesses les plus néfastes ? Que faites-vous pour les corriger ?

35. Encouragez-vous d'autres personnes à vous faire part de leurs soucis par compassion ?

36. Choisissez-vous, parmi vos expériences quotidiennes, les leçons ou les influences qui aident votre avancement personnel ?

37. Votre présence a-t-elle une influence négative ou positive sur les autres ?

38. Si vous croyez que « qui se ressemble s'assemble », qu'avez-vous appris sur vous-même en étudiant les amis que vous attirez ?

39. Quel lien, le cas échéant, voyez-vous entre les personnes avec lesquelles vous vous associez étroitement et le malheur que vous pourriez éprouver ?

40. Selon quelles règles jugez-vous les personnes utiles et les personnes nuisibles ?

41. Vos associés intimes sont-ils mentalement supérieurs ou inférieurs à vous ?

42. Au cours d'une journée, combien de temps consacrez-vous à :

votre profession ______________

dormir ______________

jouer et vous détendre ______________

l'acquisition de connaissances utiles ______________

TV, réseaux sociaux ______________

43. Qui parmi vos connaissances :

vous encourage le plus

____

____

____

vous met en garde le plus

____

____

____

vous décourage le plus

____

____

vous aide le plus par d'autres moyens

44. Quel est votre plus grand souci ? Pourquoi le tolérez-vous ?

45. Quand d'autres personnes vous offrent des conseils gratuits et non sollicités, les acceptez-vous sans les remettre en question, ou analysez-vous la motivation de ces personnes ?

46. Qu'est-ce que vous désirez le plus, par-dessus tout ?

47. Comment comptez-vous l'acquérir ?

48. Êtes-vous prêt(e) à subordonner tous les autres désirs pour celui-ci ?

49. Combien de temps consacrez-vous quotidiennement à son acquisition ?

50. Changez-vous souvent d'avis ? Si oui, pourquoi ?

51. Finissez-vous généralement tout ce que vous commencez ?

52. Êtes-vous facilement impressionné(e) par les titres professionnels des autres, leurs diplômes universitaires ou leur richesse ?

53. Êtes-vous facilement influencé(e) par ce que les autres pensent ou disent de vous ?

54. Répondez-vous aux besoins des gens en raison de leur situation sociale ou financière ?

55. Selon vous, qui est la meilleure personne sur terre ?

56. À quel égard cette personne vous est-elle supérieure ?

57. Combien de temps avez-vous consacré à étudier et à répondre à ces questions ? Était-ce suffisant ? Devriez-vous passer en revue certaines, la plupart, ou toutes les questions et réponses ?

Chapitre 14

COMMENT DÉJOUER LES SIX FANTÔMES DE LA PEUR

Faites l'inventaire de vous-même

Avant que vous ne puissiez appliquer avec succès n'importe quelle partie de cette philosophie, votre esprit doit être prêt à la recevoir. La préparation n'est pas difficile. Elle commence par l'étude, l'analyse et la compréhension de trois ennemis que vous devez *effacer de votre esprit : l'indécision, le doute et la peur !*

Votre sixième sens ne fonctionnera jamais tant que ces trois éléments négatifs, ou l'un d'eux, restent dans votre esprit. Les membres de ce trio profane sont étroitement liés. Là où on en trouve un, les deux autres sont à portée de main.

L'indécision est le semis de la peur ! Rappelez-vous que l'indécision se cristallise dans le doute. Les deux se mélangent et deviennent la peur ! Le processus de « mélange » est souvent lent. C'est l'une des raisons pour lesquelles ces trois ennemis sont si dangereux. Ils germent et grandissent sans que l'on remarque leur présence.

Le but de ce chapitre est de mettre en lumière la cause des six peurs fondamentales et leur remède. Avant de pouvoir maîtriser un ennemi, nous devons connaître son nom, ses habitudes et son lieu de résidence. Pendant que vous lisez, analysez-vous attentivement et déterminez lesquelles des six peurs communes vous atteignent, le cas échéant.

Ne vous faites pas tromper par les habitudes de ces ennemis subtils. Parfois, ils restent cachés dans l'esprit subconscient où ils sont difficiles à localiser, et encore plus difficile à éliminer.

Les six peurs fondamentales

Chaque être humain souffre à un moment ou à un autre de six peurs fondamentales : ceux qui ne souffrent pas de l'ensemble des six peuvent se considérer chanceux. Rangées dans l'ordre de leur fréquence d'apparition, ces peurs sont :

1. La pauvreté

2. La critique

3. La mauvaise santé

4. La perte d'un amour

5. La vieillesse

6. La mort

Toutes les autres peurs sont d'une importance mineure et peuvent être regroupées sous ces six rubriques.

La fréquence de ces peurs, telle une malédiction pour le monde, se déroule en cycles. Pendant près de six ans, pendant la Grande Dépression, beaucoup se sont perdus dans le cycle de la peur de la pauvreté. Pendant les guerres mondiales, beaucoup ont vécu dans le cycle de la peur de la mort. Depuis l'après-guerre, beaucoup vivent dans le cycle de la peur de la mauvaise santé, comme en témoigne l'épidémie de maladies dans le monde entier.

Les peurs ne sont rien de plus que des états d'esprit. Nos états d'esprit sont soumis au contrôle et à la direction. On dit que les médecins sont moins sujets à la maladie que les autres parce que les médecins ne craignent pas la maladie. Sans crainte ni hésitation, on les voit, chaque jour, être physiquement au contact de centaines de personnes qui souffrent de maladies contagieuses, sans être infectés. Leur immunité contre la maladie réside, en grande partie, pour ne pas dire uniquement, dans leur absence de peur.

Les humains ne peuvent rien créer sans d'abord concevoir sous la forme d'une impulsion de pensée. Suite à cette déclaration en vient une autre d'une importance encore plus grande : *nos impulsions de pensée commencent immédiatement à se traduire en un équivalent physique, que ces pensées soient volontaires ou involontaires.* Les impulsions de pensée captées par l'éther, par hasard (pensées qui ont été libérées par d'autres esprits), peuvent déterminer votre destin financier, commercial, professionnel ou social tout aussi sûrement que les impulsions de pensée que nous créons par intention et dessein.

Nous posons ici les bases de la présentation d'un fait d'une grande importance pour la personne qui ne comprend pas pourquoi certaines personnes semblent être « chanceuses », tandis que d'autres dotées de potentiel, formation, expérience et capacité mentale égaux ou supérieurs, semblent attirer la malchance. Ce fait peut s'expliquer par la déclaration suivante : *chaque être humain a la capacité de contrôler complètement son propre esprit et évidemment, avec ce contrôle, chaque personne peut ouvrir son esprit aux impulsions négatives de pensée libérées par d'autres cerveaux, ou bien fermer les portes et n'admettre que les impulsions de pensée de son choix.*

La nature nous a donné un contrôle absolu sur une seule chose : la pensée. Ce fait, associé au fait supplémentaire que tout ce que nous créons commence sous la forme d'une pensée, nous conduit très près du principe par lequel la peur peut être maîtrisée.

S'il est vrai que *toute pensée a tendance à se vêtir de son équivalent physique* (cela est vrai au-delà de toute marge de doute raisonnable), il est également vrai que les impulsions de pensée de la peur et de la pauvreté ne peuvent se traduire en termes de courage et de gain financier.

Les six peurs fondamentales se traduisent en un état d'inquiétude par le biais de l'indécision. Prenez les mesures suivantes pour surmonter vos peurs :

- Soulagez-vous à jamais de la peur de la mort en décidant d'accepter la mort comme un événement incontournable.

- Surmontez la peur de la pauvreté en prenant la décision d'aller de l'avant avec la richesse que vous pouvez accumuler *sans vous faire du souci.*

- Tenez la peur de la critique sous votre joug en décidant de ne pas vous soucier de ce que les autres pensent, font ou disent.

- Éliminez la peur de la vieillesse en décidant de l'accepter, non pas comme un handicap, mais comme une grande bénédiction qui porte avec elle la sagesse, la maîtrise de soi et la compréhension qui ne sont pas connues des jeunes.

- Acquittez-vous de la peur de la mauvaise santé en décidant d'oublier les symptômes.

- Maîtrisez la peur de la perte de l'amour en décidant d'aller de l'avant sans amour, si cela est nécessaire.

Tuez l'habitude de l'inquiétude, sous toutes ses formes, en prenant la décision générale que rien de ce que la vie n'a à offrir ne vaut la peine de s'inquiéter. Avec cette décision vient l'équilibre, la tranquillité d'esprit et le calme de la pensée qui apportera le bonheur.

Une personne dont l'esprit est rempli de peur détruit non seulement ses chances d'action intelligente, mais transmet ces vibrations destructrices à l'esprit de tous ceux avec qui elle entre en contact.

POINTS RÉCAPITULATIFS IMPORTANTS

- Avant de pouvoir utiliser cette philosophie avec succès, vous devez effacer de votre esprit trois ennemis : l'indécision, le doute et la peur.
- L'indécision est le semis de la peur. Elle se cristallise dans le doute et les deux se mélangent pour former la peur.
- Il existe six peurs fondamentales : la pauvreté, la critique, la mauvaise santé, la perte de l'amour, la vieillesse et la mort.
- Les peurs ne sont rien de plus que des états d'esprit qui peuvent être modifiés et éliminés.

PASSEZ À L'ACTION

Voici cinquante-sept « célèbres excuses du bon vieux si. » En lisant chacune d'entre elles, cochez celle(s) que vous avez déjà utilisée(s) comme excuse(s) pour ne pas avoir autant de succès ou être aussi heureux ou heureuse que vous pourriez l'être.

☐ **SI** je n'avais pas de femme et de famille...

☐ **SI** j'avais assez d'influence...

☐ **SI** j'avais de l'argent...

☐ **SI** j'avais une bonne éducation...

- [ ] **SI** je pouvais trouver un emploi...
- [ ] **SI** j'avais une bonne santé...
- [ ] **SI** seulement j'avais le temps...
- [ ] **SI** on vivait à une époque plus simple...
- [ ] **SI** d'autres personnes me comprenaient...
- [ ] **SI** les conditions autour de moi étaient différentes...
- [ ] **SI** je pouvais recommencer ma vie...
- [ ] **SI** je ne craignais pas ce qu'« ils » disaient...
- [ ] **SI** on m'avait donné une chance...
- [ ] **SI** j'avais eu une chance...
- [ ] **SI** d'autres personnes ne m'en voulaient pas...
- [ ] **SI** rien ne pouvais m'arrêter...
- [ ] **SI** seulement j'étais plus jeune...
- [ ] **SI** seulement je pouvais faire ce que je voulais...
- [ ] **SI** j'étais né(e) riche...

- [ ] **SI** je pouvais rencontrer les bonnes personnes...
- [ ] **SI** j'avais le talent que certaines personnes ont...
- [ ] **SI** j'osais m'affirmer...
- [ ] **SI** seulement j'avais saisi les opportunités passées...
- [ ] **SI** les gens ne m'énervaient pas...
- [ ] **SI** je n'avais pas à tenir la maison et à m'occuper des enfants...
- [ ] **SI** je pouvais économiser de l'argent...
- [ ] **SI** le patron m'appréciait...
- [ ] **SI** j'avais quelqu'un pour m'aider...
- [ ] **SI** ma famille me comprenait...
- [ ] **SI** je vivais dans une grande ville...
- [ ] **SI** je pouvais simplement m'y mettre...
- [ ] **SI** j'étais libre...
- [ ] **SI** j'avais la personnalité de certaines personnes...

- ☐ **SI** je n'étais pas si gros...
- ☐ **SI** mes talents étaient connus...
- ☐ **SI** je pouvais simplement avoir ma chance...
- ☐ **SI** je pouvais ne plus avoir de dettes...
- ☐ **SI** je n'avais pas échoué...
- ☐ **SI** seulement je savais comment...
- ☐ **SI** tout le monde ne s'opposait pas à moi...
- ☐ **SI** je n'avais pas autant de soucis...
- ☐ **SI** je pouvais épouser la bonne personne...
- ☐ **SI** les gens n'étaient pas si stupides...
- ☐ **SI** ma famille n'était pas si extravagante...
- ☐ **SI** j'étais sûr(e) de moi...
- ☐ **SI** la chance n'était pas contre moi...
- ☐ **SI** je n'étais pas né(e) sous la mauvaise étoile...
- ☐ **SI** le destin n'existait pas...

- [ ] **SI** je n'avais pas à travailler si dur...
- [ ] **SI** je n'avais pas perdu mon argent...
- [ ] **SI** je vivais dans un autre quartier...
- [ ] **SI** je n'avais pas d'antécédents...
- [ ] **SI** j'avais ma propre entreprise...
- [ ] **SI** d'autres personnes m'écoutaient...
- [ ] **SI** — et c'est la plus grande excuse de toutes — **SI** j'avais le courage de me voir comme je suis vraiment, je découvrirais ce qui ne va pas chez moi et je le corrigerais, alors j'aurais peut-être la chance de pouvoir profiter de mes erreurs et d'apprendre quelque chose de l'expérience des autres, car je sais qu'il y a quelque chose qui ne va pas chez moi, ou je serais maintenant là où j'aurais été si j'avais passé plus de temps à analyser mes faiblesses, et moins de temps à trouver des excuses pour les cacher.

Trouver des excuses est une habitude profondément enracinée. Il est difficile de se défaire de ses habitudes, surtout lorsqu'elles nous permettent de justifier nos actions. Platon avait cette vérité à l'esprit quand il a dit : « La première et la plus belle victoire de l'homme est la conquête de soi-même. La défaite où l'on succombe à ses propres armes est ce qu'il y a de plus honteux et de plus lâche. »

CONCLUSION

L'AUTEUR A DÉCOUVERT, EN analysant personnellement des centaines de personnes prospères, que toutes avaient l'habitude d'échanger des idées. Quand elles avaient des problèmes à résoudre, elles se réunissaient et parlaient librement jusqu'à découvrir, à partir de leur contribution conjointe d'idées, un plan qui servirait leur but.

Vous tirerez le meilleur parti de ce que vous avez appris dans ce manuel en mettant en pratique le principe du Cerveau Collectif. Vous pouvez faire cela (comme d'autres le font avec succès) en formant un club d'étude composé du nombre désiré de personnes amicales et harmonieuses. Le club doit se réunir régulièrement, au moins une fois par semaine, et comprendra la lecture d'un chapitre de *Réfléchissez et devenez riche* à chaque réunion et une discussion libre du contenu par tous les membres. Chaque personne doit prendre des notes et écrire les idées qui lui viennent à l'esprit inspirées par la discussion.

Avant chaque réunion, les membres doivent lire attentivement et compléter le chapitre correspondant de ce manuel. Les membres du groupe doivent décider si chacun partagera ses réponses dans le manuel ou si la discussion se limitera au livre.

En suivant ce plan, vous bénéficierez non seulement de la somme totale des meilleures connaissances organisées à partir des expériences de centaines d'hommes prospères, mais plus important encore, vous exploiterez de nouvelles sources de connaissances dans votre propre esprit et acquerrez des connaissances de valeur inestimable auprès des autres personnes présentes.

La richesse ne se mesure pas toujours en argent !

Rappelez-vous que la richesse ne se mesure pas toujours en argent ! L'argent et les choses matérielles sont essentiels à la liberté du corps et de l'esprit, mais certains penseront que la plus grande de toutes les richesses ne peut être évaluée qu'en termes d'amitiés durables, de relations familiales harmonieuses, de compassion et mesurable uniquement en valeurs spirituelles !

Néanmoins, si vous comprenez et appliquez les treize étapes et adoptez cette philosophie, vous serez mieux préparé(e)s à attirer et à apprécier les domaines supérieurs qui ont toujours été et seront toujours refusés à tous sauf à ceux qui sont prêts pour eux.

Préparez-vous donc, lorsque vous vous exposez à l'influence de cette philosophie, à faire l'expérience d'une vie transformée qui peut vous aider non seulement à négocier votre chemin à travers la vie avec harmonie et compréhension, mais aussi vous préparer à l'accumulation de richesses matérielles en abondance !

NOTES

TITRES SUPPLÉMENTAIRES DE LA NAPOLEON HILL FOUNDATION

Made in the USA
Monee, IL
19 October 2026

66035584R00134